에녹처럼, 오늘
하나님과 동행하라

에녹처럼, 오늘 하나님과 동행하라

저자 원용일

초판 1쇄 발행 2018. 7. 4.

발행처 도서출판 브니엘
발행인 권혁선

등록번호 서울 제2006-50호
등록일자 2006. 9. 11.

서울특별시 송파구 백제고분로28길 25 B101호 (05590)
마케팅부 02)421-3436
편집부 02)421-3487
팩시밀리 02)421-3438

ISBN 979-11-86092-69-9 03230

독자의견 02)421-3487
이메일 editorkhs@empal.com

북카페 주소 cafe.naver.com/penielpub.cafe
페이스북 www.facebook.com/penielbooks
인스타그램 @peniel_books

도서출판 브니엘은 독자들의 책에 관한 아이디어나 원고를 설레는 마음으로 기다리고 있습니다. 책으로 엮기를 원하는 아이디어가 있으신 분은 위의 이메일로 간단한 개요와 취지, 연락처 등을 보내주십시오. 머뭇거리지 말고 문을 두드리세요. 길이 열립니다.

도서출판 브니엘은 갓구운 빵처럼 항상 신선한 책만을 고집합니다.

오늘, 당신이
서 있는 그곳에서
하나님과
동행하라!

에녹처럼, 오늘
하나님과 동행하라

원용일 | 직장사역연구소 소장

| **머리말** |

일터에서 일하는 사람들과 예배드리며 설교하는 경우가 많아서인지 성경 속 직업인들에 대한 설교를 많이 해왔다. 일터의 상황을 염두에 두고 행간을 읽고 인물들의 심리 묘사를 하면서 공감하려는 노력을 계속해왔다. 주로 요셉, 다윗, 느헤미야, 다니엘 같은 직업인들을 소재로 한 설교를 자주 했다. 그중에서 에녹이라는 성경 인물은 한 편의 설교 이상으로는 다루기가 쉽지 않았던 것이 사실이다.

　브니엘 출판사에서 에녹에 대한 집필을 제안했을 때 전혀 나답지 않게 집필 의욕이 강하게 생겼다. 그래서 「에녹과 함께한 동행」이라는 책을 낸 지 14년이 넘었다. 일찍 절판되어 아쉬웠던 차에 다시 정리하면서 하나님과 동행하는 그리스도인의 삶에 대해 생각하는 기회를 가졌다.

각 장의 첫 부분에 에녹이 가상의 손자 손녀와 '안식일학교'에서 대화하는 부분에서 동행의 주제들을 최대한 설명하려고 했다. 에녹이 하나님과 동행하던 삶을 정리하고 승천하기 전에 유언처럼 어린 손자들에게 이야기를 한다는 설정은 지금 다시 봐도 꽤 유익하고 의미 있다는 생각이 든다. 그런데 지금 다시 써보라고 하면 아마도 못할 것 같다. 이 부분을 이어서 아예 소설 형식으로 글을 써보겠다는 생각은 있었으나 욕심이었음을 알 수 있었다.

하나님이 데려가신 에녹은 조금 다른 의미이긴 했지만 죽음을 앞에 둔 에녹의 마음이 어땠을지, 어떤 말을 남기고 싶었을지 더욱 궁금해진다. 얼마 전에 일터신학에 대한 한 책을 보다가 인용된 책을 구입하여 읽었는데 감명을 받았던 소설이 있다. 바로 「길리아드」(메릴린 로빈슨 지음, 마로니에북스 펴냄)이다. 존 에임스 목사가 70세에 낳은 아들이 일곱 살인데, 그는 심장병으로 곧 세상을 떠날 것을 알고 편지 형식으로 글을 남겼다는 소설이다. 일곱 살이 된 아들이 나중에 읽으라고 쓴 일생의 회고인데, 미국 남북전쟁 시기에 주인공의 아버지와 할아버지의 이야기, 목회하며 겪은 이야기들, 일곱 살 아들과 젊은 아내를 두고 떠나는 가장의 아쉬움이 담겨 있는 감명 깊은 소설이다. 후회와 갈

등, 아픔과 안타까움, 기쁨과 즐거움, 믿음과 용서가 존 에임스 목사의 회고 속에 녹아 있다.

나는 하나님이 부르셔서 곧 세상을 떠난다면 남은 사람들에게 어떤 이야기를 해줄까 생각해본다. 에녹의 심정을 헤아려 보았다. 에녹이 평생 하나님과 동행하며 살았을 것이라고 정리해 본 동행의 주제는 여덟 가지다. 이야기, 일상, 존중, 인정, 가정, 일터, 고독, 계승이다. 많은 부분을 상상할 수밖에 없었으나 하나님과 동행하는 것이 무엇인지, 어디에서 어떻게 해야 하는지 생각해 보았다.

동행은 이야기를 나누는 것일 수밖에 없다. 이야기로 소통하면 일상 속에서 주님과 친밀한 교제를 나누며 살 수 있다. 하나님을 기쁘시게 하는 삶을 통해 하나님을 향한 존경을 표현할 수 있다. 동행은 하나님뿐만 아니라 사람들에게도 인정받는 삶이다. 쉽지 않은 삶의 마당인 가정에서 가족들에게 인정받아야 하고, 일터에서도 인정받아야 한다. 또한 동행은 악한 세상 속에서 고독하게 분투하는 과정이다. 하나님과 함께 함으로써 세상을 이겨낼 수 있어야 한다. 또한 동행은 평생 추구한 유산을 대를 통해 잇는 계승으로 참된 가치를 드러낸다.

늘 함께하시며 동행 수업을 주관해주시는 하나님에게 감사드리고, 도서출판 브니엘 편집부 여러분들에게도 감사의 마음을 전한다. 에녹의 이야기 속에도 여러 차례 등장해서 우리 부부를 많이 가르쳐주는 대한과 소정, 우리 아이들에게 나와 아내의 마음을 모아서 이 책을 주고 싶다.

글쓴이 원용일

C·O·N·T·E·N·T·S
차 례

머리말 _ 004
프롤로그 : 신비한 인물, 에녹을 상상한다! _ 011

1 /
이야기 나누는 동행 _ 017

하나님과 이야기 나누는 동행 영성
동행의 도구인 이야기에 힘과 생명이 있다
이야기를 듣고, 이야기를 들려주어라

2 /
일상을 함께하는 동행 _ 043

주일은 주님과 함께? 그렇다면 평일은?
"하나님, 저 잡니다." "하나님, 저 다녀오겠습니다."
일상 속에 깃든 하나님의 세렌디피티

3 / 하나님을 기쁘시게 하는 동행 _ 065

하나님을 기쁘시게 하는 삶으로 동행하라
하나님의 명예를 높여드려 기쁘시게 하라
하나님의 기쁨을 위해 목숨도 바칠 수 있는가?

4 / 객관적으로 인정받는 동행 _ 089

법대로! 말씀대로? 자기 뜻대로 안 되면 나대로!
사람들이 하나님과 동행하는 당신을 보고 고백하게 하라
하나님과 사람, 모두에게 인정받는 동행을 위하여

5 / 가정에서 인정받는 동행 _ 115

한 남편과 한 아내의 부부관계, 기본부터 바로 세우라
특히 어려운 자녀양육, 성경 속 위대한 인물들도 안타깝게…
가족들과 함께하며 동행하는 훈련을 감당하라
하나님의 준엄한 질문 : "네게 속한 자가 또 있느냐?"

6 /
일터에서 인정받는 동행 _ 149

무슨 일을 하든지 주께 하듯이 일하는 성경적 직업관
억지로 가진 직업은 주께 하듯 할 수 없는가?
일터에서 하나님과 동행하는 I 영성 : Influence, Integrity
일터 동료들의 영혼에 당신의 이름을 남겨라

7 /
세상에서 고독하게 싸우는 동행 _ 183

고독과 고통 속에서 더욱 각별하게 주님과 동행한다
광야 인생길에서 친밀감으로 하나님과 동행하라
악한 세상을 향한 적극적인 증거가 되는 동행 영성

8 /
종말의 때까지 대(代)를 잇는 동행 _ 209

'직업'의 세습은 Yes! '직장'의 세습은 No!
혼자서 다 하려 하지 말고 자식들에게 계속하게 하라
후계자가 있으면 죽어도 된다. 후계자 훈련에 집중하라
장차 임할 하나님의 나라를 준비하는 동행

P·R·O·L·O·G·U·E

신비한 인물,
에녹을 상상한다!

| **프롤로그** | 신비한 인물, 에녹을 상상한다!

야렛은 백육십이 세에 에녹을 낳았고 에녹을 낳은 후 팔백 년을 지내며 자녀들을 낳았으며 그는 구백육십이 세를 살고 죽었더라. 에녹은 육십오 세에 므두셀라를 낳았고 므두셀라를 낳은 후 삼백 년을 하나님과 동행하며 자녀들을 낳았으며 그는 삼백육십오 세를 살았더라. 에녹이 하나님과 동행하더니 하나님이 그를 데려가시므로 세상에 있지 아니하였더라. 창세기 5:18-24.

믿음으로 에녹은 죽음을 보지 않고 옮겨졌으니 하나님이 그를 옮기심으로 다시 보이지 아니하였느니라. 그는 옮겨지기 전에 하나님을 기쁘시게 하는 자라 하는 증거를 받았느니라. 믿음이 없이는 하나님을 기쁘시게 하지 못하나니 하나님께 나아가는 자는 반드시 그가 계신 것과 또한 그가 자기를 찾는 자들에게 상 주시는 이심을 믿어야 할지니라. 히브리서 11:5-6.

아담의 칠대 손 에녹이 이 사람들에 대하여도 예언하여 이르되 보라. 주께서 그 수만의 거룩한 자와 함께 임하셨나니 이는 뭇 사람을 심판하사 모든 경건하지 않은 자가 경건하지 않게 행한 모든 경건하지 않은 일과 또 경건하지 않은 죄인들이 주를 거슬러 한 모든 완악한 말로 말미암아 그들을 정죄하려 하심이라 하였느니라. 유다서 1:14-15.

에녹은 인류사의 초기 인물들의 족보를 기록하는 부분에 나오는 인물이다. 특히 하나님과 동행하는 삶을 살았고, 죽음을 경험하지 않고 하나님이 데려가셨다고 묘사되는 사람이기에 크리스천들은 에녹의 삶과 영성에 대해 관심을 가지고 있다. 하지만 에녹은 족보에 이름이 나오는 두 곳(대상 1:3, 눅 3:37)을 제외하면 위에 적은 대로 성경의 단 세 부분에만 행적이 기록된 인물이다. 구체적인 삶의 모습을 알 수 있는 이야기에 대한 기록은 전혀 없다. 그에 관한 기록들을 다 합해도 성경에 기록이 많은 다른 인물들이 겪은 한 가지 사건을 다룬 분량만큼도 안 된다.

그렇다면 오늘 과연 우리는 어떻게 에녹의 삶을 배울 수 있는가? 에녹이 하나님과 동행하면서 살았다고 창세기 기자가 진술하지만 그의 삶을 보여주는 구체적인 에피소드 하나조차 발견할 수 없기에 궁금증은 증가한다. 더구나 에녹이 하나님과 동행하다가 죽지 않고 하늘로 올라갔기에 많은 사람들이 추리와 상상을 한 흔적들이 지금도 많이 남아 있다. 하지만 역사 속에 등장하는 에녹에 관한 방대한 신비 문서들에 주목하는 것은 별로 바람직하지 못하다. 예전에 우리 신배 신앙인들은 그런 문서들을 읽어서 신앙에 도움을 받았다고는 하지만 오늘 우리에게는 그리 적합하지 않다. 그래서 성경에 기록된 말씀을 가지고 묵상하면서 상상해본다.

이제부터 에녹의 삶에 대한 글에서는 많은 신비적 문서들을 배제하고 성경의 기록만을 가지고 상상해보려고 한다. 말씀을 통해 에녹이 오늘 세상 속에서 치열하게 살아가는 우리 크리스천들에게 주는 교훈이 무엇인지 생각해보자.

에녹의 삶을 묵상하고 상상하면서 독특한 가상 상황을 설정해보았다. 승천을 앞두고 있는 에녹이 '세상 속에서 하나님과 동행하기'라는 주제로 어린 손자 손녀들에게 이야기를 해주는 가상 상황이다. 말하자면 에녹의 마지막 유언을 하듯이 가상하는 것이다. 8장으로 이루어진 이 책 각 장의 앞부분에는 에녹이 손자 손녀들에게 자신의 인생 이야기를 했을 것이라고 상상하는 것이다. 8장으로 이루어진 이 책 각 장의 앞부분은 볼 수 있다. 그리고 그 주제에 오늘날 우리에게 필요한 내용을 서술했다. 에녹이 손자 손녀들에게 이야기를 시작한 배경은 이렇다.

1 에녹처럼, 오늘 하나님과 동행하라

일곱째 날, 안식일이 어김없이 돌아왔다. 가인의 후손들뿐만 아니라 셋의 후손들 중에도 잊고 지내는 사람들이 있었지만 에녹은 늘 그래왔듯이 안식일 아침에 가족들을 모아 하나님에게 제사를 드렸다. 그리고 한 주일간 지냈던 일들을 이야기 나누며 교제하고 다함께 식사하는 시간을 가졌다.

식사를 마친 후에 에녹은 두 명의 손자 손녀들과 함께 나무 그늘에 앉았다. 엘닷은 에녹의 아들 므두셀라가 287세에 낳은 에녹의 손자로 올해 열세 살이다. 아다라도 역시 므두셀라가 289세에 낳은 에녹의 손녀로 나이는 열한 살이다. 남매는 비록 나이 차이가 백 살 이상 나긴 하지만 라멕의 동생들이다.

엘닷이 막 열두 살이 되던 때부터 에녹이 그들을 만나왔으니 벌써 2년 가까이 안식일마다 만나서 이야기를 나눈 셈이다. 에녹은 첫 아들 므두셀라가 열두 살이 되던 해부터 아들딸들을 만나 이야기를 해주었고, 손자 손녀들이 태어난 후에도 계속해왔으니 벌써 290년 가까이 안식일에 아이들을 가르치면서 보낸 셈이다.

올해 365세인 에녹은 부모나 생존해 있는 여러 어르신들에 비하면 나이가 매우 젊은 편(?)이지만 하나님이 자신에게 보여주신 뜻을 분명히 깨닫고 있었다. 이제 이 세상에서 곧 문을 닫게 될 그의 '안식일학교'의 마지막 학생들인 엘닷과 아다라에게 앞으로 두 달간 마치 유언과도 같은 이야기를 해주려고 한다.

C·H·A·P·T·E·R·1

이야기 나누는 동행

하나님과 이야기 나누는 동행 영성
동행의 도구인 이야기에 힘과 생명이 있다
이야기를 듣고, 이야기를 들려주어라

✳ ✳ ✳ ✳ ✳

그들이 그날 바람이 불 때 동산에 거니시는 여호와 하나님의 소리를 듣고. 창세기 3:8.
셋도 아들을 낳고 그의 이름을 에노스라 하였으며 그때에 사람들이 비로소 여호와의 이름을 불렀더라. 창세기 4:26.

엘닷과 아다라도 여느 아이들처럼 처음에는 나이 드신 에녹 할아버지와 이야기를 나누는 일이 쉽지 않았다. 그러나 달을 넘기고 해를 넘기다 보니 이제는 안식일 오후에 할아버지와 만나는 시간을 오히려 아이들이 더 기다리게 되었다. 간혹 긴 시간 이야기를 들을 때에도 제법 진지한 태도를 보일 만큼 이제 남매는 할아버지와 대화를 통해 이어가는 수업에 익숙해졌다.

오늘은 아다라가 상기된 얼굴로 먼저 질문을 했다.

"할아버지, 할아버지는 하나님과 직접 이야기를 나누어 보셨지요? 그때 하나님은 어떤 모습이셨어요? 왜 엘닷 오빠나 제게는 하나님이 직접 말씀을 해주지 않으세요?"

귀여운 손녀의 폭포수처럼 쏟아지는 질문을 마치 기다리기라도 했다는 듯 에녹의 얼굴에 미소가 피어올랐다.

"그래, 아다라가 이제 제법인걸. 이 할아비가 이야기해주려고 한 걸 어떻게 알고 먼저 질문을 할까? 그래 오늘 그 이야기를 해보자."

오늘은 초반부터 뜸들이지 않고 곧바로 본격적인 이야기가 시작되었다.

"이 할아비도 너희하고 이렇게 이야기를 하듯이 원하기만 하면 하나님과 대화할 수 있는 것은 아니란다. 너희가 태어나기 한참 전이었지. 이 할아비가 307세였을 때 첫 사람이신 아담 할아버지가 돌아가신 것은 너희도 잘 알고 있지?"

"그럼요, 할아버지가 몇 번 말씀해주셨어요."

이번엔 엘닷이 오빠티를 내며 대답했다.

"아담 할아버지께서 에덴동산에 사셨을 때만 해도 하나님이 늘 찾아오셔서 아담 할아버지와 이야기를 나누셨단다. 아담 할아버지 말씀이 하나님은 사람과 같은 형체는 없으시지만 마치 함께 산책을 하듯이 바로 옆에서 이야기를 나눴다고 하시더구나. 아다라야, 할아비가 일전에 하나님은 사람과 같은 형체가 없는 분이시고, 죄인인 우리는 그분의 모습을 보지 못한다고 얘기해주지 않았니?"

"기억나요! 저도 요즘 건망증이 심해졌나 봐요. 호호~"

아다라의 눈가에서 장난기가 묻어나왔다.

"허허, 이 녀석이 늙은 할아비 앞에서 못하는 말이 없네. 아다라가 이제 할아비한테 농담도 할 줄 아네. 그래, 계속 이야기하자. 아담 할아버지와 하와 할머니가 하나님의 말씀을 어기는 죄를 지은 후에는 더 이상 에덴동산에서 살 수 없어 쫓겨나게 되셨지. 그 후로는 아담 할아버지도 더는 예전처럼 하나님과 이야기를 나누지 못하셨단다. 하나님이 꼭 필요한 말씀을 하려고 하실 때, 그때만 이야기를 나누셨지. 그러니 우리가 하나님의 말씀을 듣기 위해서는 기다려야 한단다. 그냥 아무 때나 하나님의 음성을 들을 수 있는 게 아니라 기다림의 과정이 꼭 있어야 하게 되었지."

"언제까지 기다려요?"

엘닷과 아다라가 합창하듯이 질문을 하고는 둘이 서로 쳐다보고 씩 웃었다.

"하나님이 말씀하실 때까지 기다려야 하지. 그게 정답이란다."

"에이, 싱겁다!"

아이들이 되묻는 말에 대한 에녹의 대답은 거의 언제나 그런 식이었다. 답을 듣고 보면 아이들의 질문이나 에녹의 말 속에 답이 이미 들어 있곤 했다. 그래서 에녹 할아버지와 나누는 이야기 수업에서 아이들의 싱겁다는 반응도 마치 '추임새'처럼 반복되어 왔다.

"이 할아비에게 하나님이 이야기를 처음 해주신 때가 너희 아버지 므두셀라를 낳은 뒤의 어느 날이니 이제 거의 300년이 되었구나. 그래도 하나님께서 이 할아비에게는 자주 말씀을 해주신 편이란다. 감사한 일이지. 그래서 할아비도 더욱 하나님의 말씀에 귀 기울이면서 하나님과 이야기 나누는 시간을 갖기 위해 많은 노력을 해왔단다."

"우리는 어떻게 하면 하나님과 이야기를 나눌 수 있어요?"

엘닷의 질문에 에녹은 결론을 내린 듯 한 사건 이야기를 꺼냈다. 아이들은 이미 여러 차례 들어서 알고 있는 이야기, 아담의 아들들 중 셋의 혈통이 아닌 가인의 혈통에 대한 이야기였다.

"가인 할아버지는 동생인 아벨 할아버지를 죽인 후 놋에 가서 정착해 사셨단다. 거기서 아들을 낳아 이름을 에녹이라고 하셨지. 이 할아비와 같은 이름을 가진 할아버지란다."

"두 분 다 지금도 살아계시잖아요."

이번에는 아다라가 할아버지의 말씀에 추임새를 넣었다.

"그래, 너희가 뵌 적은 없어도 그분들을 잘 알고 있지? 계속 이야기를 하마. 가인 할아버지는 그 무렵 성을 쌓고 계셨는데 그 성에 아들의 이름을 붙여 에녹 성이라고 부르셨단다(창 4:16-17). 의미 있는 일이었지. 너희도 나중에 그 에녹 성에 가보게 될 날이 있을 게다.

그런데 우리의 혈통인 셋 할아버지도 아들을 낳고 그 이름을 에노스라고 지으셨단다(창 4:26). 그리고 그때 셋 할아버지는 제단을 만드셨지. 생활의 터전인 성을 쌓는 것도 의미 있지만 셋 할아버지와 에노스 할아버지가 제단을 지으신 것은 더욱 의미 있는 일이었다. 이렇게 해서 우리 조상들은 그때 이후로 하나님의 이름을 부르면서 제사를 드리고 기도하게 되었던 것이란다.

하나님을 예배하고 기도하는 시간이야말로 하나님과 이야기를 나눌 수 있는 가장 좋은 시간이란다. 물론 기도시간 외에도 하나님은 말씀하실 때가 있지. 하지만 이 할아비의 경험으로는 하나님은 예배드리고 기도하는 시간에 자주 말씀해주셨단다. 이것이 가인 할아버지 가문과 다른 우리 셋 할아버지 가문의 전통 있는 신앙의 특징이기도 한 것이야."

엘닷이 제법 점잖게 할아버지의 말씀을 받아 말했다.

"아버지한테도 우리 가문의 신앙 전통에 대한 이야기를 자주 들었어요."

"그래, 그 전통이 참으로 중요하단다. 너희도 우리가 가지고 있는 신앙 전통에 대해서 자부심을 가져야 한단다. 오늘의 이야기는 여기서 마치자. 조심해서 돌아가고 다음 안식일까지 건강하게 잘 지내라."

엘닷과 아다라도 할아버지에게 인사하고 집으로 향했다.

"예, 할아버지도 안녕히 계세요."

"할아버지, 고맙습니다. 사랑해요."

하나님과 이야기 나누는
동행 영성

하나님과 동행한 에녹의 삶을 생각할 때 가장 먼저 떠오르는 이미지는 무엇인가? 나의 상상 속에서는 에녹이 하나님과 이야기를 나누는 모습이 가장 먼저 떠오른다. 에녹 이후의 구약시대 인물들보다 더욱 자주, 그리고 더욱 깊이 에녹은 하나님과 이야기를 나누었을 것이다. 동행은 이야기를 전제하기 때문이다. 사람 사이에서도 이야기가 통해야 동행할 수 있다. 이야기는 그들이 동반자임을 확인시켜주고, 동행을 유지시키는 의사소통의 수단이기도 하다. 또한 동행하다 보면 이야기를 하게 되어 있고, 그러면 더욱 친밀해지기 마련이라는 점에서도 이야기는 하나님과 동행한 에녹의 삶을 잘 표현해준다.

에녹은 과연 어떻게 하나님과 이야기를 나누었을까? 하나님과 사람이 이야기를 나누는 본래의 모습은 에덴동산에서 발견할 수 있다. 하나님은 바람이 불 때 에덴동산에서 아담과 하와 두 사람과 함께 거닐면서 이야기를 나누셨다(창 3:8). 성경의 기록에서 사람과 이야기를 나누시는 하나님의 첫 번째 음성은 "네가 어디 있느냐?"라는 엄한 추궁이셨다. 하지만 아담이 죄를 짓기 전에는 더욱 자연스럽게 하나님이 아담과 이야기를 나누셨을 것이다. 아마도 산책하며 일상적인 이야기를 나누었을 것으로 보인다.

그런데 아담과 하와의 범죄가 하나님과 사람 간의 대화에 크나큰 악영향을 미쳤다. 그들이 에덴동산에서 쫓겨난 후 하나님이 동생 아벨을 죽인 가인에게 "네 아우 아벨이 어디 있느냐?"(창 4:9)라고 질문하셨다. 이것은 아담이 이미 들어본 질문과 비슷하기는 하다. 하지만 그때의 대화는 에덴동산에서 본래 사람이 하나님과 대화하던 모습과 많이 달라 보인다.

"구백 몇 세를 살고 죽었다"는 그 시대 사람들의 일반적인 생애 기록과 판이하게 에녹에게는 "하나님이 데려가셨다"고 기록하는 것은 당대에 누구도 경험하지 못한 특권이 아니었던가! 그런 경험을 했다면 에녹은 하나님이 의도하셨던 에덴동산의 그 본래적인 대화를 경험해본 사람이 아니었을까?

에녹이 하나님과 이야기를 나누었겠다고 상상하지만 늘 그렇게 직접 이야기를 나누는 것만으로 하나님과 의사소통을 하지는 않았을 것이다. 당시 셋의 후예들은 가인의 후예와 달리 하나님의 말씀을 듣는 보다 일반적인 방법을 알고 있었다. 셋의 아들 에노스가 출생했을 때 사람들은 여호와의 이름을 불렀고, 그 이후로 정기적인 예배와 기도의 시간을 가졌을 것이다. 셋의 후손들은 가인의 후손들처럼 기술 문명의 발달에는 크게 기여하지 못했지만(창 4:19-22) 경건생활의 전통은 분명하게 이어나갔다.

성경에서 그것을 확인할 수 있다. 바로 아담의 후손들 중 셋 계열의 7대 후손인 에녹이 하나님과 동행하는 삶을 살다가 승천했다는 기록이다(창 5:24). 한편 가인 계열의 7대 후손인 라멕은 인류 역사상 최초로 두 명의 아내를 두었고, 자신에게 상처를 입힌 사람을 찔러 죽였다고 살인을 자랑하고 있다(창 4:23). 인류 역사의 시작부터 이 두 계열의 사람들은 하나님을 향한 신앙에 있어서 분명한 차이를 보여주었다.

요즘도 그렇지만 에녹 당시에도 가인의 후손들이 세상에서 주도권을 잡았을 것이다. 그들에게는 수백 년을 장수한 긴 수명이 악을 더욱 창궐하게 하는 기폭제가 되었을 것이 틀림없다.

세상은 점점 악으로 치달아 노아시대의 홍수사건이라는 멸망의 정점을 향해 가고 있었다. 하지만 셋의 후손인 언약의 백성들은 가인의 후손들과는 다른 삶을 살고 있었다. 대표적으로 그들은 하나님과 이야기를 나누는 영성을 유지하고 있었던 것이다.

이렇게 하나님과 대화하는 신앙 전통이 후에도 이어진다. 하나님은 아브라함과 족장들에게 여러 차례 대화하듯 말씀하셨다. 하나님은 하나님이 하시려는 일을 아브라함에게는 숨기지 않겠다고 하셨다(창 18:17). 소돔 성의 멸망을 앞두고서는 마치 흥정하듯 아브라함과 긴 대화를 나누셨다(창 18:22-33). 이후 하나님은 모세와도 직접 이야기를 나누셨다. 모세와는 마치 사람이 자기의 친구와 이야기하는 것처럼 얼굴을 맞대고 말씀하셨다(출 33:11, 민 12:8, 신 34:10).

이렇듯 하나님이 사람에게 직접 말씀하시는 게 그리 흔한 일은 아니다. 사무엘이 어린 시절에는 하나님이 사람에게 직접 말씀하시는 일이 아예 희귀했다는 기록도 있다(삼상 3:1). 특히 말씀이 희귀했다는 표현과 함께 "이상(異象, vision)이 흔히 보이지 않았더라"고 부연하는 것을 보면 사무엘의 시대에는 그런 특별한 하나님 말씀의 역사가 드물었던 것이다. 또한 그런 일이 더 자주 있는 시대도 있었다는 것을 우리는 유추할 수 있다. 그러니 우리도 어린 사무엘과 같은 자세로 하나님의 말씀을 기대할 수 있어야 하겠다. "말씀하옵소서. 주의 종이 듣겠나이다"(삼상 3:10).

그러면 하나님의 말씀을 듣기 위해 언제까지 기다려야 하는가? 에녹과 손자의 대화에 나온 것처럼 하나님이 말씀하실 때까지 기다려야 한다. 하나님이 그분의 뜻을 알려주실 때까지 기다려야 한다. 모세는 하나님의 말씀을 듣기 위해 기다렸다. 하나님과 얼굴을 맞대고 직접 이야기하는 사이였지만, 모세는 문제가 있을 때 그것을 가지고 하나님에게 나아가 말씀드리고 묵묵히 기다렸다.

한번은 출애굽 후 광야에서 처음으로 유월절을 지킬 때 시체를 만져서 부정하게 되어 절기에 참석하지 못한 백성들이 모세에게 이의를 제기했다. 그때 모세는 이렇게 말했다. "기다리라. 여호와께서 너희에게 대하여 어떻게 명령하시는지 내가 들으리라." 그러자 하나님은 기다리던 모세에게 말씀하셨다. 시체로 인해 부정한 자거나 먼 곳으로 여행 중에 있던 백성들은 한 달 뒤에 다시 유월절을 지키라고 대안을 제시하셨다(민 9:1-14). 이것이 나중에도 이스라엘 백성들의 유월절을 추가적으로 지키는 규칙이 되었다.

또한 남자 형제가 없던 슬로브핫의 딸들이 자신들의 기업을 잃어버릴 처지에서 제기한 문제에 대해서도 모세는 그것을 하나님께 나아가 아뢰고 기다렸다. 그러자 하나님은 딸들에게도 상속을 인정하고, 그들이 지파 내에서만 배우자를 찾아 조상들의 기업을 보존할 수 있게 하라고 지시하셨다(민 27:1-11). 이것도 역시 이스라엘 백성들이 계속해서 지킬 규칙이 되었다.

기다림이 관건이다. 그런데 사람들은 보통 기다리고 싶어 하지 않는다. 기다리고 싶지 않은 사람은 제대로 기도할 수 없다. 여호수아가 기브온 족속의 위장 투항 작전에 휘말린 것도 기도하면서 하나님의 말씀을 제대로 듣지 않았기 때문이다. 여호수아는 기도하기보다 그 사람들의 입에 발린 아부를 듣기 더 좋아했기에 크나큰 실수를 저질렀다(수 9:3-21). 하나님의 말씀을 듣기보다 사람의 말을 듣기 더 좋아하는 사람은 기다릴 수가 없다. 그런 사람은 기도의 본질을 이해하기도 힘들다. 기도란 내가 하고 싶은 말만을 쏟아놓는 게 아니라 하나님의 말씀을 듣기도 해야 하는 것을 잘 모르기에 기도의 참맛을 제대로 느끼지 못하는 것이다.

동행의 도구인 이야기에
힘과 생명이 있다

하나님은 늘 우리와 이야기하고 싶어 하신다. 그리고 우리도 하나님처럼 다른 사람과 이야기 나누기를 원한다.

1. 이야기 나누는 동행

그러나 이스라엘 백성들은 하나님의 놀라운 구원의 역사를 듣기 원해야 한다. 하나님은 "이스라엘아 들으라"로 시작하는 그 유명한 쉐마 구절에서 이스라엘 백성들이 하나님의 말씀 듣기를 가장 우선시해야 한다고 강조하셨다.

"이스라엘아 들으라. 우리 하나님 여호와는 오직 유일한 여호와이시니 너는 마음을 다하고 뜻을 다하고 힘을 다하여 네 하나님 여호와를 사랑하라. 오늘 내가 네게 명하는 이 말씀을 너는 마음에 새기고 네 자녀에게 부지런히 가르치며 집에 앉았을 때에든지 길을 갈 때에든지 누워 있을 때에든지 일어날 때에든지 이 말씀을 강론할 것이며 너는 또 그것을 네 손목에 매어 기호를 삼으며 네 미간에 붙여 표로 삼고 또 네 집 문설주와 바깥 문에 기록할지니라"(신 6:4-9).

쉐마 구절에도 표현되어 있지만, 다른 여러 곳에서 특히 자녀들이 하나님의 말씀을 듣도록 가르치라고 거듭 권면하고 있다(신 6:20-25, 수 4:6, 22:24-25). 이처럼 이야기를 통해 대를 이어 신앙이 전해지고 생명력이 유지되는 것이다.

그런데 여호수아 세대가 가나안 땅에 들어가 정복전쟁을 하면서 이렇게 생명력 있게 전해져야 하는 이야기를 제대로 전하지 않으면서 비극을 초래했다. 사사시대의 특징을 설명하던 사사기 기자는 여호수아 세대 사람들이 세상을 떠난 후에 그 다음 세대가 하나님이 행하신 구원의 역사도 모르는 믿지 못할 일이 벌어졌다고 한탄한다(삿 2:6-10). "그 세대의 사람도 다 그 조상들에게로 돌아갔고 그 후에 일어난 다른 세대는 여호와를 알지 못하며 여호와께서 이스라엘을 위하여 행하신 일도 알지 못하였더라"(삿 2:10). 안타깝게도 '다음 세대'가 '다른 세대'가 되고 말았다. 부모들이 자녀 세대에게 이야기를 제대로 전해주지 않았기 때문에 이런 비극이 초래되었다.

이야기는 대를 이어 신앙을 전하는 수단이기에 세대를 뛰어넘어 사람들을 동행하게 하는 힘이 있다. 생명력이 담겨 있다. 이야기의 속성 때문에 하나님은 우리가 하나님과 이야기를 나누며 동행하는 것을 다른 사람들에게 확대하기를 원하신다. 특히 오늘 우리 시대가 바로 여호수아 이후의 사사시대 초기와 같이 다음 세대가 다른 세대가 되어버린 상황이 아닌가? 바로 오늘 우리도 이야기를 회복하여 다음 세대와 동행할 수 있어야 하겠다.

이야기는 사람을 살리는 힘을 가지고 있다. 이야기의 힘, 특히 이야기가 가진 사랑을 잘 보여주는 멋진 영화가 있다. 바로 페드로 알모도바르 감독의 스페인 영화 〈그녀에게〉(Talk to Her, 2002)이다. 이 영화를 한마디로 말하라면 '이야기와 눈물'이라고 할 수 있다.

간호사인 남자와 여행 잡지사 기자로 일하는 남자가 각각 두 여인을 사랑하게 된다. 그런데 그 여인들에게는 공통점이 있다. 발레를 하던 여인은 교통사고로, 투우를 하던 여인은 투우 중에 사고로 둘 다 식물인간이 되었다. 같은 불행에 빠진 그 여인들을 향한 남자들의 사랑은 계속된다. 물론 일방적인 사랑이었다.

남자들에게는 제각기 그녀들을 사랑하는 '무기'가 있다. 간호사인 베니그노는 이야기하는 것이고, 여행 잡지사 기자인 마르코는 눈물을 흘리는 것이다. 베니그노는 이야기를 정말 잘한다. 느끼지도 못하는 알리샤를 향해 헌신한다. 마치 알리샤가 살아서 옆에 앉아 있는 듯 이야기를 하면서 돌봐준다. 마르코는 그런 헌신적인 베니그노를 보고 부러워한다. 그는 자신이 사랑에 빠진 여인 리디아를 베니그노처럼 돌봐줄 수 있는 준비가 되어 있지 못했다. 그저 눈물만 흘릴 뿐이었다.

영화 속 사람들의 직업이나 캐릭터는 기존의 관념을 혼란스럽게 한다. 남자 간호사나 여자 투우사 등이 그렇다. 영화에 나오는 남자들의 사랑 무기인 이야기와 눈물 역시 아무래도 남성성보다는 여성성에 더 가깝다. 그러니 이 두 남자들이 보여주는 이야기와 눈물이라는 여성적인 사랑이 오히려 감동을 더한다.

그리고 영화에서는 의도적으로 눈물보다는 이야기에 더 높은 점수를 준다. 마르코의 눈물은 왠지 어설프고 지나치게 감성적으로 느껴지지만 베니그노의 이야기는 그의 성숙한 사랑을 잘 보여준다. 발레 공연을 보고 와서 이야기해주고, 유명한 발레의 주인공인 여배우의 사인을 받아서 보여준다. 또한 여인이 취미로 자주 보던 무성영화를 보고 와서 그것을 이야기해주는 모습은 거룩해 보일 정도이다.

비록 베니그노가 오해를 받아 감옥에 들어간 후이긴 하지만 결국 이야기하는 그 사랑의 힘으로 인해 알리샤가 깨어난다. 마르코가 눈물을 흘려주었던 여인 리디아는 죽었으나 이야기를 들은 여인 알리샤는 살아났다. 곧 사람을 살리는 것은 이야기의 힘이다.

그렇다면 사람을 살리는 이야기의 근원은 무엇인가? 이야기는 근본적으로 하나님이 우리에게 말씀하신 것이다. 예수님이 말씀 그 자체이시다. 말씀이 육신이 되어 우리 가운데 내려오셨다(요 1:14). 하나님의 이야기를 들은 우리도 하나님과 이야기한다. 기도가 바로 하나님과 교류하는 끈이고 우리가 하나님에게 이야기를 하고, 또한 하나님의 말씀을 듣는 것이기도 하다. 이 이야기에 생명이 있다. 이야기를 통해 세상을 살아갈 힘을 얻는다.

이스라엘 백성들이 내일을 예측할 수 없어 불안하고 죽음이 만연한 광야생활을 하면서 견딜 수 있었던 힘도 바로 이야기에 있었다. 모세는 광야에서 아침저녁으로 하나님에게 문안 인사를 여쭈었다. 아침에 하나님에게 일어나셨느냐고 여쭙고, 밤에는 편히 주무시라고 인사를 여쭙는 기도를 드렸다. 이것은 하나님과 친밀하게 이야기를 나누는 모습이었고(민 10:33-36), 결국 이스라엘 백성들이 광야생활을 견뎌내게 한 원동력이었다.

이야기가 우리 삶에서 얼마나 중요한지 보여주는 또 다른 측면을 '목회자들의 목회자'로 불리는 유진 피터슨이 강조한다. 유대인들의 절기 때 읽히는 다섯 권의 성경을 가지고 목회를 설명하는 그는 룻기에서 이야기 서술의 목회학을 읽어냈다.

그에 따르면 대표적인 목회사역인 상담과 심방이야말로 목회자가 교인들의 이야기를 들어주는 가장 자연스러운 사역이다. 상담은 교인들이 먼저 요청한 이야기 목회이고, 심방은 목회자가 시작하지만 교인 쪽에 무게중심이 실린 이야기 목회의 방법이라고 말하면서 심방의 중요성을 강조한다. 우리의 교회에서는 아직 심방도 목회자 중심인 경우가 많다. 유진 피터슨이 말하는 심방의 의미를 살리기 위해서는 목회자들이 심방을 가서 교인들이 하는 이야기를 많이 듣는 연습을 해야 한다. 교인들의 일터를 방문하는 '일터 심방'을 하면 자연스럽게 이야기를 들을 수 있는 심방을 할 수 있다.

유진 피터슨은 목회에 있어서 성도들의 이야기를 듣기 위해서는 심방을 잘해야 하는데, 요즘 목회자들이 하는 심방은 세속화되는 경향이 있다고 지적한다. 마치 성도들을 대상으로 하는 광고대행업자처럼 종교적인 열심을 부추기고, 예산을 위해 헌금을 강조하며, 새로운 프로그램의 진행만 홍보하면 성도들의 참다운 이야기를 들을 수 없기에, 심방을 통해 세상에서 고달프게 영적 순례의 길을 걷고 있는 성도들의 애환을 들어주어 성도들의 동반자가 되어주어야 한다고 강조한다(「유진 피터슨의 목회 오경」, 좋은씨앗 펴냄, 108-113쪽). 고달픈 세상을 살아가는 크리스천들은 목회자에게 자신의 이야기를 함으로써 위로를 받고 힘을 얻을 수 있다. 세상 속 삶의 동반자를 얻을 수 있기 때문이다.

이야기를 듣고, 이야기를 들려주어라

하나님과 동행하고 교통하는 방법인 이야기는 사람 사이에서도 꼭 필요하다. 가정에서도 이야기는 중요하다. 이야기를 나누는 것이야말로 가족들이 서로 하나이고 동행한다는 강력한 메시지를 공유하는 것이다. 부부 사이나 부모 자녀 사이 모두 그렇다.

직장사역연구소에서 연구원으로 일을 시작했을 때이니 21년 전이다. 일을 시작한 첫해 1년 동안 매일 '퇴근 후 아내와 나누는 이야기'를 적은 적이 있다. 아빠로서 아이들의 이야기를 기록한 '육아일기'와 함께 출판을 의뢰했으나 결국 육아일기만 책으로 나왔고, 아내에게 해준 이야기 원고는 묻혀버리고 말았다. 하지만 파일을 열어 다시 읽어보면 꽤 재미있다. 직장에서 있었던 사소한 이야기부터 아이들 이야기나 가족들 이야기, 신문이나 책에서 본 기사나 일화 등 다양한 이야기들이 기록되어 있다. 그때는 퇴근 전에 고민하면서 오늘 집에 가서 아내에게 해줄 이야기를 챙겨가는 것이 습관이 되었다. 그것이 교회 전임사역을 떠나 직장생활에 적응하는 쉽지 않은 시간을 견딜 수 있는 힘이 되기도 했다.

그런데 나는 말이 많은 편은 아니다. 간혹 주변 사람들에게 어떤 생각을 하는지 잘 모르겠다는 불평도 듣는다. 이야기를 잘 풀어내는 탁월한 이야기꾼도 아니다. 그래도 이야기의 중요성은 분명하게 인식하고 있다. 우리 집 아이들이 어린 시절, 책을 읽기 시작했을 때는 잠자리에 누워서 책을 읽어주고 그날 준비한 '아빠의 이야기'를 해주는 재미에도 푹 빠져보았다. 짧은 가정 예배를 드리고 잠자리에 함께 누우면 예배를 잘 드린 보너스로 미리 준비한 그날의 이야기를 아이들에게 해주는 것이었다. 이것 역시 별다른 이야기는 아니었다. 이야기를 준비하기 위해서 낮에 일할 때나 출퇴근 때 라디오를 들으면서도 이야깃거리를 찾았다. 나름대로 메모도 하고 화장실에 앉아서도 감동적이고 평범한 이야깃거리가 많은 잡지를 들쳐보기도 하고, 그것도 궁하면 가끔씩은 예화집도 뒤졌다.

그렇게 아이들에게 해줄 이야기를 위해 준비를 하는 것이 일과의 한 부분이 되었다. 설교나 강의 때문에 지방에 출장을 갈 때는 전화로 이야기를 해주기도 했다. 해외로 출장을 갈 때는 일주일치 이야기를 미리 마련하여 아내에게 대신 이야기를 해주라고 부탁하기도 했다. 그렇게 하면서 새벽마다 일찍 나가 얼굴을 보기 힘든 아빠와 자식들 간의 자칫 끊어지기 쉬운 교류의 끈을 이어갔다. 사실 엄마는 온종일 아이들과 함께 있으니 이야기를 따로 해줄 필요도 별로 없다. 그런데 아빠는 달랐다. 조금만 신경 쓰지 않으면 아이들과 며칠 간 제대로 말도 섞지 못하는 때도 있으니 이야기를 준비하는 일이 꼭 필요했다.

잠자리에 누워 이야기를 듣는데 잠은 오지 않고 눈만 말똥말똥한 아이들의 "하나 더!"라는 앙코르를 다섯 번 넘게 받을 때도 있었다. 어떤 날은 내가 너무 졸린 탓에 이야기가 앞뒤로 횡설수설하다가 말이 꼬이는 것을 느끼면서 잠이 들어버린 적도 있었다. 별로 살갑지 못한 아빠의 어설픈 이야기로 "우리는 동행하는 한 가족이고 아빠와 엄마는 너희를 사랑하고 있다"는 메시지를 표현했다.

우리 아들과 딸은 고등학교를 같은 학교에 다녔는데 집과는 거리가 멀어서 기숙사에서 생활했다. 주말에 집에 올 때는 내가 차로 데려오고 데려다주었다. 경기도 일산에서 안산까지 50여 킬로미터쯤 되는 길이었는데, 그 길을 매주 혹은 격주로 왔다가는 일을 내가 하면서 아이들과 이야기하는 시간을 가질 수 있었다. 피곤해서 아이들이 잠을 자는 때도 있었지만, 5년 동안 길이 막히면 두 시간도 넘게 걸리는 그 일이 너무나 소중했다. 아내는 운전면허가 없기에 자신이 하지 못한 그 일에 대해 지금도 나를 부러워한다. 우리 집 아이들과 이야기 나눌 수 있던 그런 특별한 시간과 공간을 가질 수 있었던 일이 정말 좋은 기회여서 감사한다.

에녹의 이야기에도 등장한 것처럼 가인의 후손들처럼 성을 쌓고 문명을 발전시킬 만한 직업적 성과를 이루어나가는 것도 중요하다. 그러나 그에 앞서 제단을 회복하며 하나님과 이야기를 나누며 동행하는 것이 중요하다. 사람들과도 이야기를 통해 동행관계를 회복하는 일이 더욱 시급하다. 일하는 사람들은 일터에서 동료들의 이야기를 들어주는 것도 귀한 동행영성임을 기억해야 하겠다. 식사시간이나 회식시간, 이야기를 나눌 수 있는 상황에서 들은 이야기를 통해 그 동료가 어떤 일로 힘들어

하고, 어떤 일을 좋아하는지 잘 들어야 하겠다. 듣는 일은 우리를 기도하게 한다. 우리는 들어줌으로써 사람들의 필요를 이해할 수 있다. 좀 더 효과적으로 그 사람을 위해 기도할 수 있다.

또한 일하는 사람들은 기회가 있을 때마다 퇴근 후 가족들과 많은 이야기를 나누면 좋다. 일터에서 있었던 이야깃거리를 가지고 가족과 대화하면 행복한 가정을 만들어갈 수 있다. 크리스천 직장인들은 퇴근하는 이유와 목적을 가지고 퇴근을 의식처럼 수행해야 한다.

한 쇼핑몰 회사의 사목에게 직원이 와서 이야기했다. 그 직원은 퇴근하기 전에 하나님에게 기도한다고 했다. 어떤 기도냐고 물었더니 이렇게 대답했다.

"하나님, 제가 퇴근하고 집에 가서 아이들과 놀아줄 수 있는 힘을 남겨주옵소서."

매장을 닫고 밤 열한 시쯤 혹은 그 시간도 넘겨서 퇴근하면 꼬마 아이들이 그 늦은 시간에도 눈을 말똥말똥하게 뜨고는 아빠를 기다리고 있다는 것이다. 아이들과 놀아주고 시간을 보내야 하는데 몸이 너무 피곤하여 힘들어서 어렵다는 것이 아닌가? 그래서 그 직원은 퇴근 전에 그런 기도를 한다는 것이었다. 고달픈 직장생활을 하는 직장인의 얼마나 안타까운 모습을 보여주는가? 한편 그 직원은 얼마나 멋진 아빠인가?

이런 멋진 직업인의 모습을 다윗이 보여주었다. 다윗이 왕이 된 후의 일인데 법궤를 예루살렘으로 옮기는 중요하고도 큰일을 하게 되었다. 더구나 전에 법궤를 옮기면서 사람이 죽기도 하고 실패했던 일이어서 다윗은 더욱 신경 써서 일을 했다. 자신의 실수를 잘 파악하고 말씀에 근거해 법궤를 제사장들이 어깨로 메게 하여 이동시켰다. 일을 잘 마친 뒤 백성들을 돌려보내고 다윗 자신도 집으로 돌아갔다. 그런데 성경이 다윗 왕의 '퇴근하는 이유'를 제시한다. "이에 뭇 백성은 각각 그 집으로 돌아가고 다윗도 자기 집을 위하여 축복하려고 돌아갔더라"(대상 16:43). 다윗은 가족을 축복하기 위해 퇴근했다.

당신도 퇴근하는 이유가 있는가? 퇴근하는 목적이 있는가? 그냥 일을 하다가 쉬러 가는 것이지 무슨 목적이 있느냐고 말하지 말자. 이제부터는 나의 사랑하는 가족들을 축복하기 위해서 퇴근한다고 떳떳하게 말하자. 그리고 퇴근하면서 나를 맞이하는 가족들을 축복할 말을 준비해보자. 퇴근할 때 자동차 거울을 보면서, 엘리베이터 안의 거울을 보면서 얼굴 표정도 잘 관리해서 가족들과 이야기를 나누기 위해 준비할 수 있어야 하겠다.

우리가 세상에 살면서 하나님, 그리고 사람들과 동행하는 이야기의 영성을 회복해야 천국에서도 자연스럽게 하나님과 이야기를 나눌 수 있을 것이다. 또한 만나고 싶은 수많은 사람들과도 이야기를 나눌 수 있을 것이다. 그 기쁨을 기대하면서 이야기의 영성을 일궈나가자. 살펴본 대로 하나님의 뜻을 찾기 위해 하나님과 동행하는 것은 예배와 말씀과 기도를 통해서만 가능한 일은 아니다. 그래서 하나님께서 우리에게 허락하신 일상이 중요하다. 이제 일상 속에서 하나님과 동행하는 삶을 살펴보자.

C·H·A·P·T·E·R·2

일상을 함께하는
동행

주일은 주님과 함께? 그렇다면 평일은?
"하나님, 저 잡니다." "하나님, 저 다녀오겠습니다."
일상 속에 깃든 하나님의 세렌디피티

* * * * *

삼백 년을 하나님과 동행하며. 창세기 5:22.
에녹이 하나님과 동행하더니. 창세기 5:24.

"오늘은 아다라가 기분이 안 좋아 보이는구나. 오빠하고 싸우기라도 했니?"

안식일 제사를 마친 뒤 식사를 할 때부터 아다라는 심통이 난 듯 볼이 부어 있었다. 아다라의 머리를 쓰다듬어준 에녹은 오늘도 아이들의 표정까지 살피면서 이야기 나눌 준비를 했다.

엘닷이 대신 대답해주었다.

"아니에요, 할아버지. 아다라가 저하고 싸운 게 아니고요, 어제 소멜 누나하고 싸웠는데 오늘 소멜 누나의 얼굴을 보니까 다시

화가 났나 봐요."

아다라는 할아버지의 관심을 유발하는 데 성공해 뿌듯하다는 표정으로 할아버지에게 하소연하듯 말을 쏟아놓았다.

"할아버지, 어제 소멜 언니가 저만 따돌리고 안 놀아줘서 제가 좀 귀찮게 했더니 저를 때렸어요. 그런데 오늘은 안식일이니까 또 때려주고 싶어도 참는대요. 저는요, 매일매일 오늘 같은 안식일이었으면 좋겠어요."

"허허~ 그래서 아다라는 날마다 안식일이면 좋겠다고? 오늘도 역시 이 할아비가 해줄 이야기를 아다라가 잘 알고 있는 것 같구나! 그래 오늘은 그 이야기를 좀 해보자."

오늘도 자연스럽게 에녹 할아버지의 이야기가 시작되었다.

"하나님이 엿새 동안 온 세상 만물을 다 만드신 것은 너희도 알고 있을게다. 그 이후 일곱째 날에 하나님은 세상을 창조하는 일을 마치고 안식하셨지. 그날은 하나님의 창조를 기념하는 중요한 날이었단다. 그래서 오늘도 우리 셋 할아버지의 후손들은 안식일에 하나님이 하신 것처럼 쉬면서 제사를 통해 하나님에게 예배를 드리고 있지."

볼이 발그레해진 아다라가 말했다.

"할아버지, 그건 저도 잘 알지요. 그런데 소멜 언니가 오늘은 안식일이기 때문에 가만 놔두고요, 내일은 또 때릴 거래요. 안식일에 싸우면 엄마한테 더 야단맞으니까요. 그래서 저는 안식일이 제일 좋다는 말이에요."

"그래, 그건 소멜이 나빴구나. 이 할아비가 만나거든 혼내주마. 일단 소멜의 생각은 안식일이 다른 날보다 더 귀하고 의미 있는 날이라는 뜻인 게지? 물론 안식일은 특별한 날이란다. 그렇다고 해서 다른 날들이 중요하지 않은 것은 아니야. 이 할아비 말을 알아듣겠니?

하나님이 만들어주신 모든 날은 다 같아. 하나님 앞에서 거룩한 모습으로 살아야 하는 날은 안식일만이 아니고 다른 날들도 마찬가지라는 말이지."

"그럼 그렇게 모든 날이 같다면 왜 우리는 안식일에만 모여서 제사를 드리나요? 다른 날에는 제사를 드리면 안 되나요?"

엘닷이 궁금하다는 표정으로 질문했다. 에녹은 미소를 머금은 채 엘닷의 어깨를 다독이면서 계속 이야기했다.

"음… 그건 말이다. 하나님의 창조가 완성된 날을 기념하는 의미로 안식일에 모여서 제사를 드리는 거란다. 그러나 다른 날에도 우리는 안식일과 마찬가지로 하나님과 늘 함께 살아가야 하지. 안식일이 귀하면 다른 여섯 날도 귀한 거야. 안식일에 제사를 드릴 때만 하나님이 우리와 함께하시는 게 아니라 언제 어디서나 하나님이 우리와 함께하신다는 이야기란다."

엘닷이 답답하다는 듯 질문을 쏟아놓았다.

"그러면 우리도 하나님과 함께 사는 것이에요? 저는 그런 기분을 느낄 수 없는 걸요?"

"그래, 우리가 지난주에 하나님과 이야기를 나누는 것에 대해서 이야기하지 않았니?"

아다라도 오빠에게 지지 않으려는 듯 냉큼 대답했다.

"그때 할아버지가 우리 셋 할아버지의 후손들은 제단을 쌓고 예배드리고 기도하면서 하나님과 이야기를 나눈다고 하셨어요."

"그래, 그것과 비슷한 이야기란다. 우리는 하나님에게 예배드리는 날에만 하나님과 함께 지내는 게 아니라 다른 날에 일을 하거나 가족들과 지낼 때, 식사를 할 때나 길을 걸을 때도 언제나 하나님과 함께해야 하는 것이야. 매일의 삶이 바로 하나님과 함께하는 시간이라는 뜻이란다. 그런 모습을 어떻게 확인할 수 있냐면 에덴동산에서 아담 할아버지가 늘 하나님과 함께 산책하면서 지내셨던 것을 생각하면 되지."

"그러면 할아버지도 그렇게 아담 할아버지처럼 하나님과 함께 사셨어요?"

"그래, 이 할아비도 그렇게 하나님과 동행하는 삶을 살았단다. 너희 아버지 므두셀라를 낳은 후 올해로 꼭 300년 동안을 하나님과 함께 살고 있지.

그런데 사실 이 할아비가 살았던 삶이 본래 특별한 것은 아니었단다. 만약 인류가 죄를 범하지 않았다면 아담 할아버지가 에덴동산에서 사셨던 그런 삶의 모습을 오늘 우리도 동일하게 누릴 수 있었을 게야. 그런데 죄가 세상에 들어온 후에 사람들은 하나님과 동행하는 것 자체를 두려워하고 힘들어하게 되었단다. 그래서 이 할아비가 하나님과 동행하는 모습이 특별해 보이게 된 것이지. 사실은 뭐 특별하달 것도 없는데 말이다."

"그럼 하나님과 함께 산다는 것은 어떤 건지 저희가 특별하게 기억할 일이 있나요?"

엘닷이 오늘의 이야기를 마무리라도 하려는 듯 질문했다.

"음, 그래. 좋은 질문이다. 한 가지만 말해주마. 하나님과 함께 사는 사람에게 있어서는 우연한 일이란 없단다. 안식일만이 아니라 한 주일 동안에 생기는 모든 일 속에 하나님의 뜻이 들어 있단다. 그러니 우연이란 없다는 것이야. 우연인 것처럼 보이는 일 속에도 하나님의 깊은 뜻이 담겨 있기 때문에 나에게 생긴 모든 일을 통해서 하나님이 나에게 무엇을 말씀하시려는지 생각할 수 있어야 한단다.

오늘 우리가 하나님과 동행하는 일상의 삶에 대해서 이야기를 나누었는데 애 많이 썼다. 다음 안식일에 또 보도록 하자. 오늘 이야기대로 한 주간 동안 하나님과 동행하면서 생활해야 한단다.

그게 숙제야."

엘닷과 아다라가 합창을 하듯 큰소리로 대답했다.

"네, 할아버지. 고맙습니다."

주일은 주님과 함께?
그렇다면 평일은?

한 교회의 수양관에서 주일교회를 열면서 "주일은 주님과 함께"라고 쓴 현수막을 걸었던 적이 있다. '아하! 주말에 야외로 놀러나가지 말고 자연 환경이 좋은 수양관에 와서 예배드리라는 뜻인가 보다' 라는 정도로 생각하고 지나쳤다. 그런데 한 목사님이 그것을 보고 문제를 제기하는 것을 들었다. "주일에는 주님과 함께 지내라고 한다면 평일에는 주님과 함께 살지 않아도 된다는 것인가?" 가만히 듣고 보니 삐딱한 생각만은 아니었다. 본래 그런 의도를 담고 있지는 않았겠지만 듣고 보니 생각할 거리가 있었다. 아직도 우리 한국교회 성도들에게는 주일과 평일의 이분법적 의식구조가 확연하게 남아 있다는 점에서 일리 있는 지적이었다.

주일에는 주님과 함께 지내자는 말을 듣고 우리 성도들은 이렇게 생각하지는 않을까? '평일에는 내 마음대로 지내도 되지만 적어도 주일만은 거룩하게 보내야 한다.' 물론 주일이라도 거룩하게 지내는 것조차 그리 쉽지는 않다. 주일은 주님과 함께 보내자는 현수막을 걸었던 사람들의 마음을 이해하지 못하는 것도 아니다. 하지만 주일에 주님과 동행하는 것만이 우리 인생의 목표는 아니라는 점만은 분명히 인식해야 한다.

이런 시간의 성속(聖俗) 구별은 우리 의식 속에 뿌리 깊이 잔재한 이원론 때문이다. 16세기 종교개혁 이후 유럽의 교회들 중에는 주일 오후에 '폐문(閉門)의식'을 하는 교회가 있었다. 왕조 시대에 왕이 입궁한 후에 했다던 폐문의식은 이해되는데, 교회에서 출입문을 잠그는 의식은 어떤 의미였는가? 교회의 기물을 훔쳐가는 좀도둑을 막기 위한 조치가 아니었다. 폐문의식을 했다고 주중에는 전혀 교회의 문을 열지 않은 것도 아니었다. 여기에는 종교개혁의 핵심적인 메시지가 담겨 있었다.

'모인 교회'에서 교우들이 모여 하나님에게 예배드리고 공동체에서 교제하며 위로받고 힘을 얻었으니 이제 '흩어진 교회'로 나가라는 파송의 의미였다. 모인 교회에서 하는 교회 활동만으로 만족하지 말고 일터와 가정과 지역사회와 국가에서 세상에 영향을 주는 크리스천으로 살아가라는 의미였다. 세상에 나가 우리 아무개 교회의 대표선수로 세상에서 치열하게 분투하다가 다음 주일에 다시 오라는, 성도의 사명과 책임에 관한 의식이었다. 우리 개신교인들은 바로 이런 야성(野性)을 가졌던 선배들의 후예이다.

따라서 하나님과 동행하는 성도들에게 요구되는 가장 바람직한 모습은 일상(日常)의 영성이다. 주일만이 아니라 한 주일 내내 주님과 함께 살아가는 것을 말한다. 그러면 어떻게 사는 것이 날마다 주님과 함께 사는 것인가 생각해보자.

에덴동산에서 하나님과 함께 거닐었을 아담과 하와의 모습이야말로 하나님과 함께 살아가는 성도들의 삶을 묘사하는 원형이라고 할 수 있다. 하나님은 이스라엘 백성들과 함께 거하시는 분이고(출 29:45), 백성들과 함께 행하시는 분이심을(레 26:12) 성경은 강조한다. 그래서 하나님은 이스라엘의 하나님이시고 이스라엘은 하나님의 백성이다. 하나님은 날마다 우리의 짐을 져주시는 구원의 하나님이시기에 우리는 그분을 늘 찬양하는 삶을 살아야 한다(시 68:19).

어릴 적 주일학교 때 자주 불렀던 찬송가 "주와 같이 길 가는 것"(430장)의 가사, 특히 후렴구가 늘 주님과 동행하는 우리 성도들의 삶을 잘 보여준다.

> 주와 같이 길 가는 것 즐거운 일 아닌가
> 우리 주님 걸어가신 발자취를 밟겠네

한 걸음 한 걸음 주 예수와 함께
날마다 날마다 우리 걸어가리

4절 가사에는 에녹이 등장한다.

옛선지자 에녹같이 우리들도 천국에
들려 올라갈 때까지 주와 같이 걷겠네
한 걸음 한 걸음 주 예수와 함께
날마다 날마다 우리 걸어가리

에녹이 65세에 므두셀라를 낳은 후 300년 동안 하나님과 동행한 것은 에덴동산에서 하나님과 거닐며 동행하던 아담의 삶을 구체적으로 실현한 것이다. 이후에 노아가 에녹의 뒤를 따랐다. "노아는 의인이요 당대에 완전한 자라. 그는 하나님과 동행하였으며"(창 6:9). 그리고 구약시대의 수많은 성도들이 그들의 동행을 본받았다. 그들은 삶 속에서 함께 걸으며 하나님을 느꼈고, 일상 속에 늘 가까이 계신 하나님을 체험했다.

그리고 신약시대에 이르러 하나님과 함께 거닐던 성도들의 삶을 실제로 체험한 행복한 사람들이 있었다. 그들이 바로 예수님의 제자들이다. 우리를 위해 사람의 몸을 입고 오셨고, 이 땅에서 우리와 같은 삶을 사신 예수님은 세상의 어떤 부지런한 사람들보다 더 꾸준하게 걸어 다니셨던 분이다. 네 권의 복음서는 제자들과 함께 갈릴리 지방과 유대 지방, 그리고 사마리아 지방을 부지런히 걸어 다니며 복음을 전하신 예수님의 모습을 기록하고 있다. 제자들은 예수님과 함께 걸어 다니던 사람들이다. 걸어 다니신 예수님과 함께 다니는 일은 얼마나 복된가!

그들은 갈릴리 호숫가를 예수님과 함께 거닐었다. 나는 아직 이스라엘 땅에 가보지 못했지만 이른 바 '성지'에 다녀온 사람들의 이야기를 들으면 부럽다. 물론 그 땅이 평생 한 번은 꼭 순례할 성지(聖地)라고 생각하지는 않고 관광지의 상혼이 당연히 연상된다. 하지만 머릿속으로만 상상하는 것보다는 그 땅을 밟아본 후에 상상하면 조금은 더 뚜렷하게 예수님과 함께 걷던 복음서 속 사람들의 행복감을 그려볼 수 있을 듯하다.

언젠가 이스라엘 땅에 가보고 싶다. 꼭 그곳에 가서 거닐어보고 싶다. 십자가까지 고통스럽게 걸어가신 예수님의 '비아 돌로로사'도 의미가 있겠지만, 특히 갈릴리 호숫가를 걸어보고 싶다. 아무래도 이스라엘 땅에 2천 년 전 예수님이 살아계실 때의 흔적이 가장 본래대로 보존되어 있는 곳은 갈릴리 호수가 아닐까 생각되기 때문이다. 그 호숫가를 주님과 함께 거닐었던 제자들의 일상이 부럽다. 그 호숫가에 밀려들어 주님의 말씀을 듣던 사람들의 열정을 느껴보고 싶다.

때로 천국의 모습이 어떨지 상상해볼 때 요한계시록에서 사데교회의 성도들을 칭찬하시는 예수님의 말씀을 통해 천국을 조금 더 구체적으로 그려본다. "흰 옷을 입고 나와 함께 다니"(계 3:4)는 모습이다. 천국에서 주님과 함께 산책하고 싶다.

"하나님, 저 잡니다."
"하나님, 저 다녀오겠습니다."

일상에서 하나님과 동행하는 삶을 사는 것에 대해서 두 분에게 배운 가르침이 아직도 선명하게 기억난다. 하나는 어린 시절 다니던 교회의 고등부시절에 우리를 잠시 가르치시던 한 전도사님으로부터 배운 가르침이다. 당시 시골 교회에서는 교사가 부족해 고등학교 3학년이었던 나와 친구도 유치부 교사로 섬겼다. 그 전도사님은 우리 교회 유치부 부장 집사님의 남편이기도 했다. 아마 연말쯤으로 기억되는데 우리는 부장 집사님 댁에 가서 밤늦게까지 놀았고, 전도사님은 다음날 아침까지 잡지사에 보내야 할 원고를 쓰시느라 우리 모두는 새벽 두 시쯤에야 잠자리에 들었다.

그분과 나와 친구, 그렇게 셋이 좁은 서재 방에서 함께 자게 되었다. 그때 전도사님이 "누워서라도 기도하고 자라"고 하시며 어느 목사님의 이야기를 해주셨다. 하나님과 동행하는 삶을 사는 훌륭한 한 목사님이 계시다는 말을 듣고 가서 살펴보기로 했다. 그런데 매일 주무실 때 길게 기도하지도 않고 그냥 잠드시는 것을 이상하게 여겨 이렇게 질문했다. "하나님과 동행하시는 분이라고 들었는데 왜 목사님은 주무실 때 기도도 하지 않고 주무십니까?" 그러자 목사님은 다른 때에도 그렇지만 잠들 때에도 무릎을 꿇고 취침 기도를 하는 대신, 그저 "하나님, 저 잡니다"라고 말씀드리고는 주무신다고 했다. 그래서 우리도 그 목사님을 따라 해보았다. "하나님, 저 잡니다. 안녕히 주무세요."

또 하나는 대학시절에 한 개척교회에서 중고등부 학생들을 가르치던 때 그 교회의 담임 목사님께 배운 것이다. 그날 목사님은 주일 오전예배를 마치고 점심식사 후에 다른 교회에 설교를 하러 가시게 되었다. 그런데 예배당 앞자리에 앉아 잠시 묵도를 하고 나가시는 것이었다. 그때 목사님이 좀 겸연쩍으셨는지 뒷자리에 앉아 있던 내가 질문하지도 않았는데 그 이유를 말씀해주셨다. 장안에서 유명한 한 목사님이 다른 교회에 설교하러 가실 때마다 "하나님, 저 다녀오겠습니다"라며 인사와 같은 짧은 기도를 하신다고 들었다는 것이다. 그것이 인상적이어서 그렇게 한 번 따라 해봤다며 웃으셨다.

두 분의 가르침을 받아서인지 나는 일상적인 기도를 자주 하는 편이다. 혼자 중얼거리는 식으로 순간순간 짧게 기도하는 법을 일찌감치 배웠다. 운전을 시작하거나 마쳤을 때도, 급한 일로 연락받았을 때도, 중요한 결재를 받아야 할 때도 묵상으로 기도한다. 설교나 강의를 시작할 때도 도우심을 구하고, 마쳤을 때도 감사한다. 고소공포증이 있어서 더욱 그렇지만 비행기가 좀 심하게 흔들릴 때도 간절하게 기도한다!

이런 기도를 '숨 기도'라고 한다는 것을 나중에 배웠다. 사막 교부시대부터 호흡을 하면서 짧은 한마디 기도를 하는 것이다. 일상 속에서 하는 기도이고 급한 기도에도 활용할 수 있다. 어거스틴은 이것을 '화살 기도'라고 하여 메시지를 화살에 전달하듯이 하나님의 도움을 구하고 급히 기도하는 훈련을 강조했다. 물론 그렇게 수시로 중얼거리듯이 기도하고 말한다고 일상 속에서 하나님과 동행하는 것이라고 단정 지을 수는 없다. 그러나 나는 그 짧은 기도를 통해 일상 속에서 하나님과 동행한다는 의미를 그리 어렵지 않게 머릿속으로 그려볼 수 있다.

하나님과 함께 거닐고 함께 사는 것은 하나님 앞에서 산다고 고백했던 종교개혁자들의 신전(神前)의식과도 다르지 않다. 특히 그것을 예배나 신앙의 형식과 연관시키기보다는 소소한 일상사의 영역으로 확대하여 이해하면 더욱 바람직하다. 평신도 수도사였던 로렌스 형제(Brother Lawrence)의 잘 알려진 이야기도 바로 일상생활 속에서 하나님의 임재를 체험하는 것이었다. 로렌스 형제의 생애에 대한 기록을 보면 그가 생각한 일상의 영성을 확인해볼 수 있다.

"거기에는 무슨 거창한 일을 해야 할 필요가 없습니다. 저는 하나님을 사랑하는 마음으로 프라이팬에서 오믈렛을 뒤집습니다. 그리고 이 요리를 마무리한 뒤에 다른 할 일이 없을 경우 땅바닥에 꿇어 엎드려 요리를 무사히 끝낼 수 있도록 은혜를 베풀어주신 하나님을 찬양하지요. 그런 다음에 다시 일어나 제자리로 돌아오면 이 세상의 어떤 왕도 부럽지 않습니다. 하나님을 사랑하는 마음으로 그저 땅바닥에서 지푸라기 하나 주워 올리는 것밖에는 다른 아무것도 할 수 없다고 할지라도 저는 만족할 수 있습니다"(로렌스 형제 지음, 「하나님의 임재를 연습하라」, 브니엘 펴냄, 195쪽). 로렌스 형제는 이런 자세로 수도원에서 15년간 부엌일을 했다.

일상 속에 깃든
하나님의 세렌디피티

영국 작가 J. R. R. 톨킨의 소설을 원작으로 하여 고대 세계를 무대로 한 장대한 스펙터클을 펼쳐내는 영화 〈반지의 제왕〉(The Lord Of The Rings 1, 2, 3편, 2001-2003, 피터 잭슨 감독) 시리즈가 영화 팬들을 크게 만족시켰다. 내가 영화 평론가는 아니지만 이 영화가 보여주는 중요한 신학적 주제 한 가지가 바로 일상(日常)이라고 본다. 평범한 사람들이 등장하고 그들이 사명을 완수하기 위해 최선을 다하는 과정에 세렌디피티가 있다는 점도 인상적이다. 세렌디피티(serendipity)란 흔히 이해하는 '우연찮은 대박'이 아니다. 우연인 것 같지만 하나님이 특별하게 섭리하신 사건에 대한 인간 편의 이해가 반영된 용어이다.

반지 원정대는 평범한 사람들로 구성되었다. 곤도르 왕국의 왕이 될 후보인 인간 아라곤도 있었으나 그도 처음에는 평범했다가 후에 영웅이 되었다. 그리고 그들이 원정을 하는 과정 자체가 세렌디피티의 연속이었다. 프로도의 삼촌 빌보가 골룸에게서 절대 반지를 얻게 된 것도 우연이었고, 소설과 달리 영화에서 프로도가 집안 바닥에 떨어진 반지를 발견한 것 자체가 세렌디피티였다. 간달프가 프로도에게 중요한 사명에 대해서 이야기할 때 정원사 샘이 엿들어 함께 원정을 떠나게 된 것도 우연처럼 보인다.

2편에서는 프로도의 호빗 친구들인 메리와 피핀이 오르크들에게 잡혔다가 탈출하는 장면이 나온다. 그들이 우연히 팡고른 숲으로 들어가 숲의 지배자인 트리비어를 만난 것도 중요한 세렌디피티였다. 결국 그들은 나무들의 도움으로 두 개의 탑 동맹을 이겨낸다. 2편과 3편에 나오는 두 번의 큰 전쟁 장면에서 중과부적인 인간들이 승리한 것도 결국 세렌디피티가 아니면 불가능했다. 간달프가 이끈 응원군이나 아라곤이 데려온 죽은 영들의 군대로 인해 인간은 사우론의 군대를 맞아 크게 승리한다. 이런 우연처럼 보이는 일들이 결국 모두 하나님의 섭리를 반영한다.

이런 일상의 강조는 세 시간이 넘어 관객들이 지루하게 느낄 수도 있는 3편의 마지막 20분 이상을 피터 잭슨 감독이 의도적으로 연출하는 것을 통해서도 입증된다. 프로도는 반지 원정대가 절대 반지를 불의 연못에 버리고 돌아온 지 3년여가 지난 후 아직도 계속되는 악의 세력을 물리치기 위한 사명감을 느끼고 떠나기로 결심한다. 그리고 자신이 삼촌을 뒤이어 쓰는 글의 결말은 다음 사람이 이어가기를 원한다. 어떤 결말인가?

프로도는 고향 마을 샤이어를 떠나 새로운 세계에 가서 자신의 정원사였다가 샤이어 마을의 촌장이 된 샘에게 편지를 보낸다. "너의 이야기를 이어가길 바라." 샘의 이야기를 이어가는 영화의 결말은 과연 무엇인가? 화초로 둘러싸인 평화롭고 아름다운 집으로 퇴근하는 샘이 사랑하는 아이들을 안아주고 아내와 입 맞추는 이야기이다. 결국 샘의 일상이 이 영화의 결론이라고 할 수 있다. 이런 일상은 때때로 어떤 사람들에게는 인생의 기적으로 다가온다.

1815년 어느 봄날, 스코틀랜드의 한 강가에서 죽음을 결심한 여인이 있었다. 열여덟 살로 젊다 못해 어리지만 자식도 둘이나 있는 제인 데스테르라는 여인이었다. 모든 죽음이 그렇지만 이 여인이 죽음을 결심한 이유 또한 없지 않았다. 당시에도 이미 결투가 사회적 비난을 받았지만 영국과 아일랜드에서는 합법적이었다. 제인은 남편에게 아무 말도 듣지 못했으나 친구들이 죽어가는 남편을 집으로 데려왔을 때 남편의 결투 사실을 알았다. 남편은 더블린 시의 보안관 후보이자 한 회사의 평사원이었는데, 자기가 다니는 회사에 대해서 대니얼 오코늘이라는 유명한 정치인이 공격적인 조치를 취하자 결투를 신청했다. 사람들의 예상을 깨고 사격 솜씨가 형편없는 상대의 총에 맞아 여인의 남편이 죽게 되었다. 제인 데스테르는 인생을 더 이상 살아갈 희망을 발견하지 못하고 죽음을 결심했던 것이다.

그런데 강물을 바라보던 제인이 어쩌다가 강둑 위를 쳐다보았는데, 강둑 저편에서 한 젊은 농부가 밭을 갈고 있었다. 제인이 자기 나이쯤 되었다고 봤으니 스무 살도 안 되었을 것인데, 그 젊은 농부가 해낸 일솜씨가 너무나 훌륭했다. 그가 새로 만든 밭고랑은 마치 화가가 캔버스에 그림을 그린 듯이 훌륭해 보였다는 것이다. 제인은 자기 처지도 잊고 그 농부의 일하는 모습에 매료되었다. 그리고 서서히 농부의 일솜씨에 대한 감탄과 경이가 자책으로 바뀌었다. 도대체 자신은 지금 무엇을 하려하고 있는지 책망했다. '아버지도 없는 어린 두 아이들이 엄마인 자신만을 의존하고 있는데, 어떻게 그렇게 자신 속에만 파묻혀 있을 수 있는가?'

그리고 여인은 기운을 내어 일어나 더블린으로 돌아가서 인생을 다시 시작한다. 이 여인은 죽음의 문턱에서 가까스로 벗어난 지 몇 주 후에 기독교 신앙을 갖게 되었다. 그리고 아일랜드 더블린에서 젊은이들이 술독에 빠져 알코올중독이 되는 것을 막기 위해 '기니스 맥주'를 만든 아더 기니스의 막내아들인 존 기니스와 결혼했다. 존 기니스는 「소명」이라는 책을 쓴 오스 기니스의 고조할아버지이다. 즉 스코틀랜드에 가서 자살하려고 했던 여인 제인이 오스 기니스의 고조할머니이다.

결국 그 비극적인 결투로 인해 오스 기니스의 가족이 탄생하게 되었다. 그리고 스코틀랜드의 그 젊은 농부가 없었다면 결투하다 죽은 남편의 비극에 이어 그 아내의 죽음이라는 비극이 뒤따랐을 것이고, 아이들은 고아가 되었을 것이다. 또한 오스 기니스는 태어나지도 못했을 것이다. 결국 제인이라는 여인이 특별한 솜씨로 자기 일에 몰입하는 젊은 농부에게 감동을 받았기 때문에 오스 기니스라는 사람이 태어날 수 있었다.

그런데 사실 그 스코틀랜드 농부에 관해서는 알려진 것이 거의 없다. 단지 그 농부가 스무 살도 안 되어 보이는 젊은이였고, 밭고랑을 갈 때 쟁기질을 하면서 휘파람으로 찬송가를 부르고 있었다는 사실 정도이다. 제인이 그때 딱 한 번 봤고 더 이상 만나지 못했다. 오스 기니스는 책에서 자기 가족사의 중요한 한 장면에 대해서 이렇게 정리한다. "소명이 삶을 변혁시켜 일상적이고 비천한 일에도 평범함의 광채를 부여한다"(「소명」, IVP 펴냄, 301-304쪽).

우리 삶에도 우연처럼 보이는 일들이 많이 있다. 그런데 그 일상 속에는 하나님의 세렌디피티가 있다. 제인이라는 여인이 목숨을 버리려는 현장에 한 젊은 농부가 휘파람으로 찬송가를 부르며 성실하고 탁월하게 밭을 갈았다. 그 농부는 그저 집중해서 평소처럼 자기의 일을 했을 것이다. 그런데 그가 일한 그 장면이 한 딱한 여인을 죽음에서 구했고, 결국 얼마나 많은 사람들의 삶에 영향을 미쳤는지 우리가 생각해봐야 한다. 그 젊은 농부는 천국에서 자신이 그날 밭을 가는 일을 한 다음에 어떤 일이 있었는지 알게 되었을 것이다. 얼마나 보람되고 기뻤겠는가? 그 젊은 농부의 일상에 하나님이 놀랍게 역사하셨던 것이다.

구약성경 룻기도 하나님의 세렌디피티를 잘 보여주고 있다.

모압 여인인 과부 룻은 시어머니를 부양하기 위해 보리 이삭을 주우러 밭으로 갔다. 그런데 '우연히' 가게 된 곳이 보아스의 밭이었다. '마침' 그때 보아스가 자기 밭에 와서 룻을 만나게 되었다(룻 2:3-4). 그 만남을 통해서 결국 룻은 보아스와 결혼하고 잃었던 땅을 회복했고 가업을 이어갔다. 그 후손 중에 다윗 왕이 태어났고, 결국 그 가계에서 예수 그리스도가 탄생하게 되었다.

그런데 룻은 자신이 메시아의 조상이 된다는 것을 알지 못했다. 그저 매일 반복되는 일상에 최선을 다했다. 그런 룻의 일상 가운데 하나님이 세렌디피티를 만드셨다. 우연인 것처럼 보이지만 하나님의 섭리가 담긴 은혜가 룻의 인생에 다가왔다. 하나님의 멋진 세팅이셨다. 이 세렌디피티는 결코 요행이나 행운이 아니다. 우연 같아 보이지만 결국 돌아보면 하나님의 섭리와 경륜인 것이다. 하나님을 믿는 우리에게는 일상의 우연도 이렇게 하나님의 손 안에 있다. 일상을 통해 하나님과 동행하면서 우리는 오늘도 하나님 나라의 역사를 써나가야 한다.

C·H·A·P·T·E·R·3

하나님을 기쁘시게 하는 동행

하나님을 기쁘시게 하는 삶으로 동행하라
하나님의 명예를 높여드려 기쁘시게 하라
하나님의 기쁨을 위해 목숨도 바칠 수 있는가?

✳ ✳ ✳ ✳ ✳

믿음으로 에녹은 죽음을 보지 않고 옮겨졌으니 하나님이 그를 옮기심으로 다시 보이지 아니하였느니라. 그는 옮겨지기 전에 하나님을 기쁘시게 하는 자라 하는 증거를 받았느니라. 믿음이 없이는 하나님을 기쁘시게 하지 못하나니 하나님께 나아가는 자는 반드시 그가 계신 것과 또한 그가 자기를 찾는 자들에게 상 주시는 이심을 믿어야 할지니라. 히브리서 11:5-6.

"할아버지, 오늘은 제가 먼저 질문할게 있어요."
엘닷이 자리에 앉기 무섭게 먼저 말문을 열면서 오늘의 이야기가 시작되었다.
"그래, 궁금한 게 뭐니? 이야기해보렴. 너도 지난주에 아다라처럼 누구와 싸운 건 아니지?"

"그럼요. 제가 누군데 안식일에 싸우기나 하겠어요? 제 질문은 우리의 제사에 관한 거예요. 우리가 안식일마다 제사를 드리잖아요? 그런데 어떤 날은 기분이 좋은데, 또 어떤 날은 그렇지 않아요. 오늘은 제물을 태울 때 연기도 잘 피어올라서 그런지 저도 왠지 기분이 좋았어요. 하나님도 우리의 제사를 받으실 때 기분이 더 좋기도 하시고, 어떤 때는 기분이 나쁘기도 하신가요?"

"엘닷이 오늘 재미있는 질문을 하는구나? 오늘 이 할아비가 해 줄 이야기에 앞서서 엘닷의 질문을 생각하면 도움이 되겠구나. 그럼 할아비도 한 가지 물어보자. 우리가 안식일마다 제사를 지낼 때 꼭 기억해야 하는 것이 있지? 그게 뭔지 아다라가 대답해 보렴."

"예, 할아버지. 아담 할아버지께서 에덴동산에서 나오실 때 하나님이 가죽옷을 지어 입혀주셨잖아요"(창 3:21).

"그래, 그러셨지."

아다라가 똑똑하게 계속 대답했다.

"제사를 지내면서 우리도 그렇게 사람을 대신해서 죽은 동물이 있었던 것을 기억해야 해요. 또 하와 할머니의 후손이 태어나서 뱀의 후손을 이길 것이라고 하신 하나님의 말씀이 이루어질 것을 기대하기도 하고요"(창 3:15).

"그래, 아다라가 참 잘 알고 있구나. 할아비가 조금만 더 이야기해주마. 우리가 하나님에게 드리는 제사는 결국 하나님을 기쁘시게 해야 한단다. 제사를 통해서 우리가 하나님을 존경한다는 표현을 하는 것이지."

아다라가 칭찬을 받아서 우쭐해졌는지 또 대답을 잘했다.

"그건 우리가 아버지나 할아버지 같은 어르신들을 존경하는 것과 비슷하다고 하셨어요."

"그렇지. 바로 그런 존경과 비슷하단다. 그리고 또 한 가지, 하나님을 기쁘시게 하고 존경하는 것은 하나님만을 향한 것은 아니란다. 사람들에게도 선한 일을 행하고 서로 가진 것을 나누는 것을 잊지 말아야 한단다. 그래서 우리도 하나님에게 제사를 드리고 나서 함께 식사를 하지 않니? 또 양털을 깎는 때나 특별한 날에 가난한 사람들이나 나그네도 초대해서 함께 식사를 하는 것도 다 그런 이유 때문이다. 그래야 하나님을 기쁘시게 할 수 있는 거란다."

할아버지의 질문에 대답을 잘한 아다라가 마치 지난주에 소멜 언니와 싸운 이야기를 꺼내 은근히 핀잔을 준 엘닷 오빠를 이겼다는 듯 어깨로 오빠를 툭 쳤다. 에녹은 그 모습을 보고 미소를 지으며 이야기를 계속했다.

"이야기를 들으면서 너희도 알았겠지만 하나님을 기쁘시게 하는 제사는 하나님의 뜻에 따르는 것이란다. 그런데 제사를 통해서만 하나님을 기쁘시게 하는 것이 아니고 지난주에 할아비가 이야기한 대로 평소의 삶을 통해서도 하나님을 기쁘시게 하고 하나님을 존경해야 한단다."

엘닷이 추임새를 넣듯이 적절하게 질문을 해주었다.

"그럼 하나님을 기쁘시게 하기 위해서는 무엇이 필요해요?"

"하나님을 기쁘시게 하기 위해서는 믿음을 가져야 한단다. 믿음이 없이는 하나님을 기쁘시게 하지 못해. 그런데 하나님을 믿는 것이 그렇게 복잡하지는 않아. 단순하게 그저 믿는 거란다."

잠시 뜸을 들이던 에녹이 아다라를 바라보면서 장난스럽게 물었다.

"이제 무얼 믿는지 질문하지 않니?"

그러자 아다라가 할아버지를 도와드리기라도 한다는 듯 눈에 웃음을 가득 담고는 큰소리로 질문했다.

"하나님을 기쁘시게 하기 위해서는 우리가 무얼 믿어야 해요?"

"이 할아비는 믿어야 할 것을 두 가지로 정리해 보았단다. 첫 번째는 하나님이 계시다는 사실을 믿어야 한단다. 가인 할아버지의 후손들은 하나님이 계시다는 것을 믿지 않았어. 또한 우리 셋 할아버지의 후손들 중에서도 하나님이 계시다는 것을 믿지 않는 사람들이 많이 있지 않니? 그렇게 하나님이 살아 계시다는 사실을 믿지 않고는 하나님을 기쁘시게 할 수 없단다. 이것은 마치 자식이 자기를 낳아주신 부모님을 믿지 않는 것과 같은 것이란다."

"두 번째는 뭐예요?"

이번엔 엘닷이 질문했다.

"그래, 두 번째는 하나님을 만나려고 노력하면서 부지런히 찾는 것이 믿음이란다. 하나님은 그런 사람들에게 상을 주신다고 약속하셨단다(히 11:5-6). 너희도 이 사실을 믿고 있지?"

엘닷이 마무리할 시간이 다가온 것을 아는 듯 자랑스럽게 대답했다.

"그럼요, 할아버지. 오늘 말씀을 들으면서 생각해보니까 하나님을 기쁘시게 하는 것은 하나님을 기분 좋게 해드리는 것 같아요. 아버지를 기분 좋게 해드리면 좋아하시는 것과 비슷한 거 아닌가요?"

"그래, 엘닷이 한 말이 참 그럴 듯하구나. 하나님을 기분 좋게 해드리는 것이 바로 하나님과 동행하는 것이고, 하나님을 기쁘시게 하는 것이란다. 그것이 바로 하나님을 존경하는 것이기도 하지. 너희도 한 주일 동안 살면서 하나님을 기분 좋게 해드리거라. 오늘은 이것으로 이야기를 마치자."

"예, 감사합니다. 안녕히 계세요."

엘닷과 아다라가 목소리를 맞추어 할아버지께 인사하고 집으로 향했다.

하나님을 기쁘시게 하는
삶으로 동행하라

에녹이 "하나님과 동행했다"는 표현이 쉽게 이해되기 힘들고 까다롭기 때문인지 오래 전부터 구약성경의 여러 번역본에서 다양하게 해석을 붙여 표현해왔다. 주전 2세기 무렵의 유대교 전승이 전하는 옹켈로스 탈굼역과 팔레스틴 탈굼역은 각각 "하나님을 경외하였다" "진실로 하나님을 섬겼다"라고 에녹의 동행을 번역하고 있다(G. Aalders, *GENESIS v.1 Bible Student's Commentary*, Zondervans, 1981, 141쪽). 나름대로 해석을 하여 번역하고 있는 것이다. 하나님과 동행한다는 다소 추상적인 표현을 조금 더 구체적으로 표현하고 있다. 그러나 "하나님을 경외하였다"는 옹켈로스 탈굼역의 번역은 동행의 한 측면만을 보여준 것이다. 아무래도 예배에 강조점이 있는 듯하다. "진실로 하나님을 섬겼다"는 팔레스틴 탈굼역의 번역 역시 포괄적이며 전인적인 측면을 표현하지는 못하고 있다.

한편 구약성경이 기록된 히브리어를 헬라어로 번역한 칠십인역(Septuagint)에서는 에녹이 하나님과 동행했다는 창세기의 기록을 "에녹이 하나님을 기쁘시게 했다"고 표현한다. 헬라어 유아레스테오('완전히 만족시키다' '기뻐하다' 라는 뜻)가 칠십인역 창세기 5장 22절과 24절에 사용되었는데, 동일한 단어가

히브리서 11장 5절에서도 사용되고 있다. 아마도 칠십인역 구약성경을 인용한 히브리서 기자가 에녹을 묘사하면서 "에녹이 하나님을 기쁘시게 했다"고 표현한 것으로 보인다. 이 표현 역시 동행이라는 이미지의 포괄성은 잃었지만 하나님과 에녹 간 관계의 정서적인 측면을 나름대로 반영하고 있다.

하나님과 동행하는 것에 대해 구약성경의 번역자들은 적어도 이렇게 하나님을 경외하며 진실하게 행하고 하나님을 기쁘시게 하는 것으로 표현했다. 하나님과 동행하는 삶을 살기 위해서 우리는 이렇게 하나님을 기쁘시게 하기 위해 노력해야 하겠다.

히브리서 기자는 에녹의 동행에 대해 조금 더 보충 설명을 하고 있다. 히브리서 11장에서 선배 신앙인들의 탁월한 믿음에 대해 소개한 후 서신의 결론 부분에서 하나님을 기쁘시게 하는 제사가 무엇인지 강조하고 있다. "그러므로 우리는 예수로 말미암아 항상 찬송의 제사를 하나님께 드리자. 이는 그 이름을 증언하는 입술의 열매니라. 오직 선을 행함과 서로 나누어주기를 잊지 말라. 하나님은 이같은 제사를 기뻐하시느니라"(히 13:15-16).

우리 크리스천들은 예수 그리스도로 말미암아 항상 찬송의 제사를 드리는 사람들이다. 구약의 성도들이 수많은 제사를 드리면서 바라본 분은 바로 예수 그리스도였다. 그런데 예수님을 통해 하나님에게 찬송의 제사를 드리는 사람들은 하나님에게 드리는 제사 그 자체만으로 만족해서는 안 된다. 잊지 말고 꼭 해야 할 것이 있다. 그것은 다른 사람들에게 선을 행하고 자기가 가진 것을 서로 나누어주는 것이다. 그 같은 행동이야말로 하나님이 기뻐하시는 제사라고 히브리서 기자는 강조한다.

이 중요하고도 파격적인 선언은 하나님이 기뻐하시는 제사는 사람을 섬기는 것임을 보여준다. 그러니 하나님을 기쁘시게 하기 위해서는 사람을 기쁘게 하는 법을 배워야 한다. 어떻게 하면 하나님을 기쁘시게 할 수 있을까? 어떻게 하면 사람들을 기쁘게 할 수 있을까? 우리가 하나님과 동행하기 위해서는 이런 고민을 할 수 있어야 한다.

잠언 기자가 하나님을 기쁘시게 하는 인생 경영에 대해서 중요한 교훈을 준다. "사람의 행위가 여호와를 기쁘시게 하면 그 사람의 원수라도 그와 더불어 화목하게 하시느니라"(잠 16:7). 하나님에게 받은 사랑의 가치가 너무 크기에 원수와의 갈등을 덮고도 남음이 있는 것이다. 이렇게 하나님을 기쁘시게 하는 사람은 어떤 사람일까?

네덜란드에서 태어나 제2차 세계대전 시대를 거치며 고생을 많이 했던 코리 텐 붐이라는 여성이 있었다. 그녀는 「주는 나의 피난처」라는 책과 같은 제목의 영화로 우리 시대에 큰 간증을 남겼다. 코리 텐 붐 여사는 아버지뿐 아니라 할아버지의 가업을 이어 당시 100년도 더 된 텐 붐 시계방에서 시계 수리 기술을 익혔다. 그리고 네덜란드에서 여성 최초로 시계수리공 자격증을 땄다. 코리 텐 붐은 제2차 세계대전 때 유대인을 도운 죄목으로 체포되어 가족들이 나치의 수용소에서 고생을 많이 했다. 그 수용소에서 아버지와 언니가 세상을 떠났는데, 가족들을 죽인 그 간수를 나중에 결국 용서했다. 코리 텐 붐 여사는 유럽과 미국 등 전 세계를 다니며 간증해서 감동을 준 믿음의 거인이었다. 그런데 그런 코리 텐 붐 여사는 자신의 용서하고 사랑하는 믿음은 아버지의 영향이었다고 고백했다.

코리 텐 붐 여사의 아버지 이름은 캐스퍼 텐 붐이었다. 아침과 저녁으로 가족과 함께 성경을 읽었고, 시계방에서는 친절하게 최선을 다해 손님들을 섬겼다. 자신이 하는 시계수리 작업을 위해서 기도하기도 했다. 60년 동안 시계수리를 한 정말 능력 있는 장인이었는데, 그런 캐스퍼 텐 붐도 당황하게 만드는 문제에 부딪치면 이렇게 기도했다. "주님, 주님은 은하계의 바퀴를 운행하시는 분이십니다. 무엇이 행성들을 회전시키는지, 또한 무엇이 이 시계를 돌아가게 하는지도 주님은 아십니다." 그렇게 기도하면서 일을 하니 전날 밤에 잘 안 풀리던 시계 수리가 다음날 아침에 잘되는 것을 확인할 수 있었다고 한다(코리 텐 붐 지음, 「주는 나의 피난처」, 좋은씨앗 펴냄, 105-106쪽).

그 시절은 경제적으로 어려운 때였다. 하루는 시계방에 한 부자 손님이 와서 비싼 시계를 현금으로 사겠다고 했다. 그 시계만 팔면 온 가족이 얼마동안 고생 안 하고 살 수 있는 거래였다. 그런데 거래가 끝나고 시계를 받아들면서 손님이 말하기를 사실은 자기가 아끼는 시계가 고장 나서 가까운 다른 시계방으로 가지고 갔는데 그 시계를 고칠 수 없다고 했다는 것이다. 그래서 이곳에 와서 새 시계를 산다고 말했다.

그때 코리의 아버지는 그 손님에게 시계를 볼 수 있느냐고 물었다. 그리곤 시계를 받아 몇 곳을 수리하더니 이제 이 시계는 큰 문제가 없다면서 돌려주었다. 그리고 그 손님이 다녀온 시계방의 수리공도 아직 조금 더 경험이 필요할 뿐이라고, 조금만 더 기다려주면 그 시계공도 자기처럼 훌륭한 시계공이 될 것이라고 말했다.

코리의 아버지는 거기서 끝나지 않고 빙그레 웃으며 그 손님에게 받았던 현금을 다시 건네주었다. 그리고 이렇게 말했다. "오늘 사신 시계를 다시 저에게 주시지요."

코리는 이런 부친에게 은근히 화가 났다고 한다. 손님이 가고 나서 그 돈이 얼마인데 그 거래를 포기하느냐고 물었다. 그러자 코리의 아버지는 딸에게 이렇게 말했다.

"코리야, 돈은 필요하면 하나님이 언제나 우리에게 주실 수 있지 않겠니? 그러나 우리가 최선을 다해서 정직하게 손님을 섬기지 않는다면 하나님이 기뻐하실까? 우리 그리스도인들은 돈을 많이 벌기 위해 사는 사람들이 아니라 하나님을 기쁘시게 하기 위해 사는 사람들이란다."

코리 텐 붐은 아버지가 해주신 이 교훈을 평생 잊을 수 없었다고 고백한다. 코리 텐 붐의 아버지, 그분이 바로 하나님을 기쁘시게 하는 그리스도인의 삶의 모델이 아니겠는가? 에베소서 5장 10절이 말한다. "주를 기쁘시게 할 것이 무엇인가 시험하여 보라"(이동원 지음, 「너희는 풍성하고 충만하라」, 압바암마 펴냄, 171-172쪽).

어떻게 하나님을 기쁘시게 할 수 있는가? 바울은 계속 말한다. "너희는 열매 없는 어둠의 일에 참여하지 말고 도리어 책망하라." 여기에는 이유가 있다. "너희가 전에는 어둠이더니 이제는 주 안에서 빛이라. 빛의 자녀들처럼 행하라. 빛의 열매는 모든 착함과 의로움과 진실함에 있느니라"(엡 5:8-9).

여호와를 기쁘시게 하면 그 사람의 원수라도 그와 더불어 화목하게 해주신다고 했다(잠 16:7). 코리 텐 붐의 아버지가 바로 그랬다. 텐 붐 시계방이 있는 거리에 칸이라는 사람의 시계방이 있었다. 텐 붐 시계방은 100년이 되었을 때 그 가게는 27년쯤 되었으니 비교하면 긴 기간은 아니었다. 그런데 이 사람 칸은 영업 마인드가 있었다. 좋은 시계들을 가져다가 팔았고, 텐 붐 시계방과 경쟁하며 비즈니스를 했다. 칸 씨가 찾아오면 아버지 캐스퍼 텐 붐 씨가 반갑게 맞아주었다. 집안 식구들은 그가 '경쟁자'라고 했지만 아버지는 경쟁자라고 말하지 말라고 꾸짖으면서 '동료'라고 했다. 그런데 텐 붐 시계방에 칸 씨가 왔다 가면 칸 씨 가게 진열장의 시계들은 텐 붐 시계방보다 정확하게 5길 더 싼 가격으로 가격표가 다시 매겨졌다.

코리가 아버지한테 그렇게 불평을 하면 아버지의 얼굴이 밝아졌다고 한다. "코리야, 칸 씨 가게에서 싸게 팔면 손님들이 돈을 절약할 수 있지 않니?" 그리고 이렇게 덧붙인다는 것이다. "그런데 어떻게 그렇게 싸게 팔 수 있는지 궁금하구나!".

캐스퍼 텐 붐 씨의 하나님을 기쁘시게 하는 경영 방법을 잠언 16장 8절이 알려준다. "적은 소득이 공의를 겸하면 많은 소득이 불의를 겸한 것보다 나으니라." 이 말씀은 부에 대한 하나님의 뜻을 알려준다. 정의와 공의의 가치를 잊지 말라는 것이다. 물론 텐 붐 씨 시계방에서 사업하는 방법만이 정의로운 비즈니스는 아니다. 하지만 많은 소득에만 목표를 두면 불의하기 쉽다는 점은 우리가 잘 알고 있다. 불법을 써서 얻는 것이 많아도 결국은 하나님의 정의와 공의가 아니면 잘못이라는 것이다. 진정 하나님이 기뻐하시는 삶이 어떤 것인지 생각하며 일하고 살아야 하겠다.

하나님의 명예를 높여드려
기쁘시게 하라

"하나님과 동행한다"는 구약의 표현은 하나님 앞에서 제사장의 직무를 행하는 일과 연관된 경우가 더러 있다. 말라기에서 하나님이 제사장들에게 명령하시는 내용을 보면 레위와 세운 생명과 평강의 언약을 지키고 제사장들이 행해야 할 덕목을 제시한다. 제사장은 하나님의 진리인 율법을 가르치고 불의를 말하지 않아야 하며 화평과 정직함으로 하나님과 동행하여야 한다. 그래서 많은 사람들을 돌이켜 죄악에서 떠나게 하는 직무를 가지고 있다(말 2:1-6).

하나님과 동행하는 것이 제사장의 직무와 연관되어 있는 것이다. 이렇게 하나님과 동행하며 직무를 감당해야 할 제사장의 임무를 망각할 때 그것은 하나님을 존경하지 않는 것이다. 엘리 제사장이 그런 실패한 제사장의 모습을 잘 보여준다. 엘리 제사장은 하나님에게 드리는 제물을 짓밟고, 심지어 성막에서 수종 드는 여인들을 범한 아들 홉니와 비느하스를 야단쳐 금하지 않았다. 그런 일을 방지하기 위해 단호한 조치를 취하지도 않았다. 그때 하나님은 어린 사무엘을 통해 주신 예언으로 엘리 제사장을 준엄하게 책망하셨다. 하나님은 "네 아들들을 나보다 더 중히 여겼다"고 꾸짖으면서 그런 태도는 하나님을 존중히 여기지 않는 태도라고 말씀하셨다(삼상 2:29-30). "나를 존중히 여기는 자를 내가 존중히 여기고 나를 멸시하는 자를 내가 경멸하리라"(삼상 2:30).

제사장과 연관된 구약성경의 표현들을 살펴볼 때 우리는 하나님을 존경하는 것이 바로 하나님과 동행하는 것임을 유추해낼 수 있다. 특히 하나님에 대한 존경은 하나님의 말씀을 듣고 지키려는 의지로 드러난다. 스가랴서에서 천사가 대제사장 여호수아에게 하나님의 말씀을 전할 때 그 사실을 보여주고 있다(슥 3:1-7). 여호와의 천사는 하나님의 말씀을 잘 지키면 제사장의 직무를 잘 감당해낼 것이라고 말했다. "만군의 여호와의 말씀에 네가 만일 내 도를 행하며 내 규례를 지키면 네가 내 집을 다스릴 것이요 내 뜰을 지킬 것이며 내가 또 너로 여기 섰는 자들 가운데에 왕래하게 하리라"(슥 3:7).

제사장의 직무는 제사를 드리는 일에만 한정되어 있는 게 아니라 하나님의 말씀과도 연관되어 있다. 바벨론에 유배되어 갔던 유다 백성들의 2차 귀환을 주도했던 지도자 에스라가 고국으로 돌아와 피폐해진 유다 왕국의 부흥을 꾀할 때 관심을 가졌던 것도 바로 말씀을 가르치는 일이었다. 학사 겸 제사장이었던 에스라는 자신부터 여호와의 율법을 연구하고 지키려 노력했다. 말씀과 더불어 하나님과 동행하는 삶을 살려고 했다. 그리고 그

율법 말씀을 백성들에게 가르치기로 결심했다(스 7:10). 이것이 바로 제사장의 기본적인 직무였으며, 이 일로 인해 귀환한 백성들은 이방 여인들과 결혼하는 등 하나님 백성의 정체성을 잃었던 자신들의 모습을 회개하는 부흥운동을 이루어낼 수 있었다(스 10장).

하나님과 동행한 노아의 삶의 특징도 바로 여호와 하나님이 자기에게 명하신 대로 다 준행하는 것이었다(창 7:5). 노아가 당대의 의인으로 인정받고 에녹과 더불어 하나님과 동행한 사람으로 평가를 받은 것도(창 6:9) 다름 아니라 하나님의 말씀에 순종하고 따르기 위해 노력했기 때문이다(창 6:22). 우리도 하나님의 말씀을 지켜 하나님을 존경하는 것을 표현해야 한다.

이와 같이 하나님을 존경하는 것은 하나님의 명예를 높여드리는 일이기도 하다. 우리는 존경하는 사람들의 이름을 귀하게 여긴다. 마찬가지로 하나님을 존경한다면 하나님의 명예를 높이기 위해 노력할 것이다. 영화 〈맨 오브 오너〉(Man of Honor, 2000, 조지 틸먼 주니어 감독)가 이런 명예를 잘 보여준다. 실화에 바탕을 둔 이 영화는 흑인들이 지금보다 더욱 차별받던 1940~50년대 미국의 상황에서 흑인으로 최초의 미국 해군 잠수부가 된 칼 브래셔의 자서전을 각색해 만든 것이다.

미국 남부 소작농의 아들인 칼은 해군에 입대해 다이버가 되려고 하지만 당시 미국 사회에 만연했던 흑백 차별 분위기 아래서 생활하기가 여간 힘든 일이 아니었다. 뛰어난 수영 실력을 인정받아 우여곡절 끝에 다이버 부대에 지원하지만 백인 동료들은 그를 무시하고, 전설적인 다이버인 백인 교관 빌리 선데이도 냉정하게 자신만의 규칙을 강요했다.

훈련과정에서 생긴 사고 때에도 용감하게 동료를 구한 것은 칼이었지만 흑인에게 상을 주는 것은 상상할 수도 없기에 결국 비겁한 백인 훈련병이 상을 받는다. 그러나 칼은 흑인은 절대로 졸업하지 못할 줄 알고 있는 그 잠수학교에서 졸업을 해야만 했다. "절대 피하지 말고 최고가 되라"고 하셨던 아버지의 말씀을 지키기 위해서라도 칼은 흑인의 명예와 아버지의 명예를 동시에 걸고 고군분투했다.

갖은 어려움을 이겨내고 학교를 졸업하여 해군 잠수 구조요원으로 복무하던 칼에게 기회가 왔다. 심해 훈련 도중 침몰한 핵 잠수함으로부터 35메가톤의 수소 폭탄을 인양해야 하는 긴급한 명령이 떨어진 것이다. 성공을 추구하며 기회를 보던 칼은 아내의 동의도 구하지 않고 그 어려운 작전에 자원해서 소련 해군 잠수부들과 숨 막히는 대결을 벌인다. 자칫 목숨을 잃을 뻔한 위기도 있었지만 오히려 그것이 전화위복이 되었다. 소련 해군 잠수함의 스크루가 일으킨 물결에 모래에 숨겨져 있던 수소 폭탄이 모습을 드러낸 것이다. 마침내 칼은 영웅이 된다.

그러나 기쁨도 잠시, 배 위에서 사고가 생겨 백인 동료들을 구하려던 칼은 한쪽 다리를 잃고 만다. 이제 명예롭게 제대하고 인생의 꿈을 접어야 할 때인 듯했으나 칼의 불타는 정열은 계속 타오른다. 스승 빌리의 절절한 격려를 받으면서 덜렁거리는 다리를 잘라내고 의족을 한 칼은 계속 잠수 구조대원으로 남는 길을 택한다.

법정에서 신형 잠수 장구를 갖추고 열두 걸음을 걸어야 잠수부로서 합격점을 받게 되는 상황에서 칼은 해군의 잠수도 비즈니스 논리를 따라야 한다고 강조하는 젊은 장교를 향해 다음과 같이 말한다. 자신이 지금까지 걸어온 미국 해군의 잠수 임무에는 비즈니스를 넘어서는 전통과 명예가 있다고. 명예 때문에 그가 지금 열 두 걸음을 걸으려고 한다고.

결국 칼은 그 법정에서 빌리의 도움과 격려를 통해 열두 걸음을 걸어낸다. 아내와 아들도 기뻐한다. 법정을 나서는 명예로운 부하 칼을 향해 빌리는 경의를 표하는 경례를 한다. 칼은 이후에도 계속 해군에 복무하며 해군 잠수부 최고의 명예인 마스터가 되기도 한다.

결국 이 영화는 명예가 중요하다는 점, 우리 인생에서 중요한 것은 비즈니스의 성과나 성공보다 명예라는 점을 강조한다. 한 사람의 집념을 통해 차별과 불합리함 속에서도 진정한 영웅의 길이 무엇인지 보여준다. 이렇게 칼이 추구하던 명예, 빌리가 칼에게 도움을 아끼지 않던 명분인 명예는 과연 무엇인가? 자신의 직업에 대한 존경심과 열정과 집념이라고 말할 수 있지 않겠는가? 이것이 결국 하나님이 우리 크리스천들에게 주신 성경적 직업관이자 하나님의 창조명령이다. 우리는 세상의 창조자인 하나님의 지상 대리인으로서 세상을 다스리고 정복해 하나님의 손 위에 올려드리는 역할을 감당해야 한다. 이렇게 하나님이 주신 사명을 잘 감당하고 우리의 명예를 지킴으로써 우리는 하나님을 명예롭게 하고 그분을 기쁘시게 할 수 있는 것이다.

하나님의 기쁨을 위해
목숨도 바칠 수 있는가?

요즘에는 영화에 대한 관심이 줄어들어 자주 보지는 못하지만 한 때 우리 한국영화에 '조폭영화' 신드롬이라고 할 만큼 영화 속에 건달들의 세계를 다룬 영화들이 많이 나왔다. 지금까지도 꾸준히 깡패들의 세계는 영화들의 좋은 소재가 되고 있다. 그런 영화들을 다 보지는 못했지만 꽤 여러 편을 보면서 느낀 한 가지 부러움이 있었다. '깡패들은 어쩌면 저렇게도 용감할까?' 그 답은 한 가지였다. 목숨을 거니 용감했다. 조직폭력배 조직의 조직원들은 그들의 조직과 보스를 기쁘게 하기 위해서 기꺼이 목숨을 바쳤다. 보스를 대신해 복수를 하고는 자신이 모든 처벌을 감수하기도 했다.

그런데 우리 그리스도인들이야말로 하나님을 기쁘시게 하기 위해서 목숨을 걸어야 할 사람들 아닌가! 성경 속에서 그렇게 목숨을 바쳐 하나님을 기쁘시게 했던 사람들이 있다. 대표적인 한 직업인이 바로 다니엘이다. 메대 바사 왕국의 다리오 왕 시절에 수석총리로 낙점되어 있던 다니엘은 정적들이 파놓은 함정을 얼마든지 건너뛸 수 있었다. 그러나 다니엘은 목숨을 걸었다. 기도를 쉬지 않아서 사자 굴에 들어갔고, 결국 죽을 수밖에 없었다. 그러나 다니엘이 사자들에게 잡아먹히지 않고 살아나왔다. 다니엘서는 그 놀라운 이적의 원인을 기록하고 있다. "이는 그가 자기의 하나님을 믿음이었더라"(단 6:23).

하나님에 대한 믿음이 결국 다니엘이 사자 굴에서 살아난 이적의 원인이었다. 다니엘은 무엇을 믿었을까? 메대 바사 왕국 궁궐의 사람들은 아무도 믿지 않았으나 하나님은 분명히 살아계신 분으로 온 우주의 주관자이심을 믿었을 것이다. 또한 다니엘은 위기의 순간에 하나님에게 기도하며 간구하면서(단 6:11) 하나님을 찾는 사람에게 피할 길을 주시고 상을 주실 것을 믿지 않았겠는가?(히 11:6).

이런 믿음을 가진 다니엘은 그 믿음을 실천하기 위해 목숨을 걸었다. 다니엘은 한 달간의 기도금령이 내려진 상황에서 계속 기도하면 어떻게 될지 분명하게 알고 있었다. 왕이 신임하는 다니엘 자신이라고 해도 왕의 호의를 입는 것이 더 이상 불가능한 것을 그는 알았다. 그런데도 다니엘은 결국 목숨을 걸었다. 다니엘은 그가 어린 시절 바벨론에 포로가 되어 왔을 때 겪었던 음식거절사건(단 1장)이나 그의 친구들이 신상에 절하기를 거부하다가 풀무 불에 들어갔던 사건(단 3장)을 머릿속에 그렸을 것이다. 하나님이 은혜를 베풀어 살려주신다면 감사한 일이지만 나이가 들 만큼 들었던 자신의 상황에서 하나님이 부르시면 죽어서 하나님의 곁으로 가는 것이니 더 이상 여한이 없었을 것이다. 그래서 다니엘은 아마도 목숨을 걸어 신앙적인 순결을 지키겠다는 결심을 했을 것이라고 나는 생각한다.

다니엘은 목숨을 걸었다. 그러나 끝까지 다리오 왕과 신하로서 맺고 있는 관계를 포기하지 않았다. 그에게는 죽음의 자리에서도 할 말이 남아 있었다. 이렇게 우리가 일터에서 한 사람에게 집중하는 것이 중요하다. 한 사람과 맺은 관계 때문에 목숨이라도 걸 만한 열정을 가진다면 우리는 바로 그 한 사람의 영혼을 구할 수 있다. 우리가 일터에서 나의 한 목숨을 제물로 바치겠다고 목숨 걸면 우리 회사의 사장님이 변해 예수님을 믿을 수 있다. 내가 내 가정에서 내 한 목숨 기꺼이 바치겠노라고 목숨 걸면 나의 아내나 남편이 변해 예수님을 믿을 수 있다. 친지 중에 가장 큰 어르신이 예수님을 믿어 집안이 복음으로 뒤집어질 수 있다. 목숨을 걸면 된다. 목숨을 거는 데 두려울 것이 무엇인가?

다니엘은 이런 믿음을 통해 하나님을 크게 기쁘시게 했다. 이방 나라의 치리자 다리오가 하나님의 능력과 존재를 분명하게 밝히는 조서를 온 나라에 내려서 하나님의 영광이 만방에 널리 퍼졌다. 그리고 다니엘 자신은 페르시아 왕 고레스시대에까지 높은 지위에 올라 있어서 결국 유다 백성들의 포로 귀환에도 큰 기여를 할 수 있었다. "이 다니엘이 다리오 왕의 시대와 바사 사람 고레스 왕의 시대에 형통하였더라"(단 6:28).

신앙생활을 시작한 지 얼마 되지 않은 한 사람이 자신이 생각하는 신앙생활은 "하나님을 기분 좋게 해드리는 것"이라고 말했다고 한다. 하나님을 기분 좋게 해드리는 것이 바로 하나님을 기쁘시게 하는 것이 아닌가? 알아듣기 쉽게 표현했는데 그것이 바로 하나님과 동행하는 것이다. 우리도 하나님을 기분 좋게 해드리자. 그러면 우리도 기분 좋게 살 수 있지 않을까?

C·H·A·P·T·E·R·4

객관적으로 인정받는 동행

법대로! 말씀대로? 자기 뜻대로 안 되면 나대로!
사람들이 하나님과 동행하는 당신을 보고 고백하게 하라
하나님과 사람, 모두에게 인정받는 동행을 위하여

* * * * *

삼백 년을 하나님과 동행하며. 창세기 5:22.
그는 옮겨지기 전에 하나님을 기쁘시게 하는 자라 하는 증거를 받았느니라. 히브리서 11:5.

"할아버지, 오늘도 제가 먼저 질문을 드려도 될까요?"
엘닷이 자리에 앉기가 무섭게 이야기를 꺼냈다.
"그래, 무슨 일인지 오늘도 네 이야기를 먼저 들어보자꾸나."
"오늘처럼 안식일 제사 후에 회의가 있는 날에는 모임이 길어져서 지루하기는 하지만 재미있기도 해요."
"그래? 지루한 회의시간에 뭐가 그리 재미있는 것이 있던지 말해보렴."

에녹도 손자의 질문이 뭔지 궁금증이 더해갔다.

"오늘만 느낀 것이 아니라 예전부터 보았는데요, 회의의 주제는 달라도 언제나 비슷한 말씀을 하시는 분들이 있어요. 어떤 안건에나 '전통에 따라 처리해야 한다'는 분도 있고요, 언제나 '좀 시간을 두고 지켜보자'는 분도 있어요. 저는 2년 전부터 회의에 참석했는데요, 이제는 어떤 분이 어떤 말씀을 하실지 거의 알 수 있을 것 같아요. 왜 그렇게 사람들은 어떤 상황에서나 똑같은 자기주장을 하게 되는 거예요?"

"그래, 엘닷이 아주 잘 보았다. 이 할아비도 그게 참 답답했단다. 늘 사람들은 자기가 가진 생각만을 주장하곤 하지. 나이가 들어갈수록 더욱 그러는 것으로 봐서 일종의 고집이라고도 할 수 있단다. 원로이신 할아버지들이야 이제 회의에는 잘 참석하지 않으신다만 너희 삼촌들이나 할아버지들이 제각각 자기주장을 하는 걸 자주 보았을 게다. 늘 토의가 있을 때마다 목소리가 큰 사람들이 있단다."

회의에 한번도 참석해보지 못한 아다라가 궁금하다는 듯이 질문했다.

"어떤 분이 제일 목소리가 커요?"

에녹이 웃으면서 대답했다.

"'법대로 하자'는 사람의 목소리가 가장 크단다. 그런 사람들은 늘 '법대로'를 외치는데, 자기가 법을 잘 지키는 것도 아니면서 그렇게 목소리를 높인단다. 그래서 내가 자주 이야기했지. 그렇게 '법대로! 법대로!' 하다가 어느새 '나대로! 나대로!'로 변할 수 있으니 조심하라고."

"호호호~ 너무 재미있어요. 나대로! 나대로!"

아다라는 재미있어 했다. 엘닷도 덩달아 즐거운 표정으로 말했다.

"할아버지, 그러면 '너대로! 너대로'는 안 되나요?"

"이 할아비 말은 늘 자기주장을 하기에 앞서 자신을 돌아보고 자신의 말이 다른 사람들에게 인정받을 수 있는지 확인해야 한다는 뜻이란다. 삶으로 입증되는 말을 해야 그 사람의 말에 설득력이 있고 믿음이 간다는 게야.

한 사람의 인생은 하나님에게만 인정받으면 되는 것이 아니란다. 함께 살아가는 사람들에게도 인정을 받을 수 있어야 하지. 물론 하나님이 알아주셔도 사람들이 인정하지 않을 수도 있다. 그런 어려움이 없는 것은 아니다. 그러나 하나님과 동행하는 사람들은 그 두 방향으로 다 인정받으려고 노력해야 하는 게야."

"그럼 어떻게 인정받아요?"

엘닷과 아다라가 동시에 질문을 하며 서로 마주 보고 웃었다.

"하나님과 사람들이 보기에 모두 인정받는 사람이 되기 위해서는 일단 어떤 일이든 오랫동안 꾸준히 할 수 있어야 한단다. 이 할아비 자랑이 되겠다만 나는 지난 300년 동안 하나님과 동행하면서 하나님의 인정을 받았고, 또한 함께 살고 있는 사람들도 이 할아비가 하나님과 동행한다는 것을 인정하게 되었단다. 할아비는 지금까지 살아오면서 이 사실이 참 기쁘고 감사해.

사실 365세라는 이 할아비의 나이는 연세가 많이 드신 할아버지들에 비하면 아무것도 아니지 않니? 930세로 이미 세상을 떠나신 아담 할아버지나 올해로 883세가 되신 최고령 셋 할아버지에 비하면 내 나이는 아무것도 아니란다. 또 그다음으로 에노스 할아버지를 비롯해서 연세가 많이 드신 할아버지들이 다 살아계시지 않니? 그러니 이 할아비가 하나님과 동행한 300년이라는 기간이 얼마나 보잘것없겠니?"

엘닷이 장난스럽게 할아버지의 말을 받아 맞장구를 쳤다.

"아니에요, 할아버지. 저는 아직 14년도 채 못 살았는데 할아버지는 무척 오래 사신 것 같아요. 하나님과 300년이나 동행하셨으면 무척 긴 기간이에요."

"하하하~ 그렇지. 너에게는 300년이 아니라 30년이라고 해도 무척 길겠구나. 사실은 이 할아비에게도 마찬가지란다. 지난 세월을 가만히 돌아보면 300년이라는 시간이 결코 짧은 시간은 아니었단다. 다른 할아버지들의 연세에 비하면 얼마 안 되지만

10~20년도 아니고 300년 동안이나 하나님과 동행하면서 인정받았다는 게 나 자신도 놀라고 또한 감사하단다. 너희도 이 할아비처럼 오랫동안 하나님과 사람들에게 인정받는 삶을 살아야 한단다. 이 할아비가 너희를 축복한다."

"예, 감사합니다."

둘이 또 합창을 하듯 대답했다.

"하나님에게 인정받고 사람에게도 인정받기 위해서는 긴 시간이 필요한데, 그런 의미에서 하나님과 동행하는 것은 '훈련'이라고 말할 수 있단다. 너희도 좋은 습관을 익히거나 못된 버릇을 고치려고 할 때 어머니 아버지에게 야단도 많이 맞으면서 오랫동안 반복해야 하지 않니? 그것처럼 하나님과 동행하는 것도 훈련을 해야 하는 것이야. 쉬운 일이 아니지.

사실 그 시간을 견디는 것이 쉽지는 않단다. 그래도 1년, 2년 점점 시간이 흘러가며 하나님을 향한 변하지 않는 믿음을 가지고 있기만 하면 시간이 흐를수록 더욱 자신감이 생긴단다. 그러다보면 처음처럼 어렵지는 않아. 너희도 하나님과 사람들 앞에서 인정받기 위해 노력하는 삶을 살아야 한다.

오늘은 하나님과 동행하되 하나님과 사람들에게 인정받는 삶을 살아야 한다는 이야기를 나눴다. 오늘은 여기까지 하도록 하자."

"할아버지, 감사합니다."

엘닷이 할아버지에게 인사를 하자 아다라도 제법 어른스럽게 인사를 했다.

"이번 한 주간 동안도 평안하세요. 건강하시고요."

"그래, 너희도 하나님과 동행하면서 사람들에게도 인정받는 한 주간을 보내렴."

법대로! 말씀대로?
자기 뜻대로 안 되면 나대로!

시대는 급변하고 있는데도 여전히 보수적인 집단들이 있다. 전에는 기업도 여기에 해당되었으나 요즘에는 많이 바뀌었다. 기업들은 그나마 하루가 다르게 변하는 현실 속에 적응하는 집단이 되어가고 있다. 아마도 요즘에는 교회나 학교 정도가 보수적인 집단일 것이다. 회의하는 것을 보면 안다.

신학교에 다닐 때 수업 중 교수님에게도 들었고 당회에 참석하는 장로님들의 푸념으로도 들었던 동일한 이야기가 있다. 회의를 하면 안건은 달라도 그 사람이 하는 이야기는 언제나 똑같다는 것이다. 목소리가 큰 사람들은 주로 "법대로!"나 "말씀대로!"를 외친다는 것이다. 어떤 노회에서는 중요한 결정이 있을 때마다 꼭 나서서 "법이오!"를 외치는 가시 같은 총대가 있어 골치를 썩는다는 이야기도 들었다.

   그런데 사실은 그렇게 "법대로"를 외치는 사람들 자신이 법이나 말씀을 잘 지키는 것이 아니다. 오히려 그들은 자신의 주장을 관철시키기 위해 규칙이나 법, 심지어 성경을 이용한다는 것이 문제이다. 결국 그들은 자기의 뜻대로 되지 않으면 "나대로!"를 외치며 판을 뒤엎기도 한다. 곧 망할 집단일수록 그런 사람들이 영향력을 행사하기 마련이다. 그들은 그야말로 '나대로 영성'(?)을 가지고 있는 사람들이다. 언제나 자신이 옳다. 다른 사람들은 전혀 인정하지 않는데도 자신만이 자신의 옳음을 입증하려고 그렇게 말도 많은 것이다.

   그러나 진정 하나님과 동행하기 위해서는 자기만 옳다고 주장하는 것이 아니라 객관적인 인정을 받아야 한다. 히브리서 기자는 에녹이 죽음을 겪지 않고 하늘로 옮겨지기 전에 이미 하나님을 기쁘시게 하는 자라는 '증거'를 받았다고 전한다(히 11:5). 3장에서 살펴본 대로 하나님을 기쁘시게 하는 것이 하나님과 동행한다는 뜻이기에 히브리서 기자의 표현은 에녹이 하나님과 동행한다는 것을 누구나 인정했다는 이야기로 볼 수 있다. 우리는 에녹이 하나님과 사람들에게 칭찬을 듣는 사람으로 객관적인 인정을 받았다는 점을 기억해야 한다. 에녹의 삶의 특징인 하나님과 동행하는 모습이 창세기 기자에게 매우 인상적이었던가 보다. 짧은 성경 기록에서 두 번씩이나 반복해 이야기하고 있는 것을 보면(창 5:22,24) 에녹이 하나님과 동행한 것은 객관적으로도 입증되었다고 볼 수 있다.

주석가 H. C. 류폴드는 창세기 주석에서 마틴 루터를 인용해 에녹이 하나님과 동행했다는 사실은 당시에 하나님을 알지 못하는 많은 사람들에 대해서 하나님의 존재를 알리는 강력한 증거가 되었다고 말한다(「창세기(上)」, 크리스챤서적 펴냄, 208-209쪽). 창세기 6장에서 에녹의 증손자인 노아시대 사람들의 타락상을 보아도 알 수 있듯이 하나님을 모르는 사람들이 많이 있었을 것이다. 그들은 죄악된 세상 속에서 하나님을 제대로 발견할 수 없었지만 하나님과 동행하는 에녹의 모습을 보고 하나님의 존재를 인정할 수밖에 없었다는 것이다.

에녹이 하나님과 동행하여 세상 사람들에게 인정받았던 것처럼 오늘 우리도 믿지 않는 사람들에게 우리가 하나님과 함께하는 사람들임을 보여줄 수 있어야 한다. 그럼 과연 어떻게 해야 하나님과 동행하는 모습을 객관적으로 인정받을 수 있는지 살펴보자.

창세기에 등장하는 족장들의 역사를 살펴보면 세상 속에서 하나님의 사람들이 하나님과 동행하는 여부를 어떻게 평가받는지 확인할 수 있다. 족장들은 객관적인 영성을 통해 하나님과 동행함을 입증할 수 있어야만 했다. 그런데 그들이 언제나 훌륭하게 하나님과 동행한 것은 아니었다.

하나님의 말씀을 좇아 갈대아 우르를 떠난 아브라함이 블레셋 족속의 땅에 머무를 때 아비멜렉과 군대장관 비골이 와서 언약을 맺었다(창 21:22-31). 그들이 언약을 맺기 위해 아브라함을 찾아와서 다음과 같이 말했다. "네가 무슨 일을 하든지 하나님이 너와 함께 계시도다." 그들은 그들의 입을 통해 아브라함이 하나님과 동행한다는 사실을 확인해주었다. 그런데 곧 이어서 이렇게 말했다. "그런즉 너는 나와 내 아들과 내 손자에게 거짓되이 행하지 아니하기를 이제 여기서 하나님을 가리켜 내게 맹세하라"(창 21:23).

여기서 아비멜렉이 아브라함에게 "나와 내 아들과 내 손자", 즉 3대에 걸쳐 하나님을 가리켜 맹세하라고 했다. 그리고 아브라함에게 거짓된 행동을 하지 않을 것을 맹세하라고 강조했다. 그런데 이것은 뭔가 심상치 않다. 이 말이 당시에 통용되던 맹세의 관용구일 수도 있다. 하지만 그보다는 아비멜렉이 예전에 아브라함의 치명적인 거짓말로 인해 겪었던 자신의 고통을 기억하면서 예방 차원에서 이중 삼중의 계약을 요구하고 있는 것이라고 보는 것이 더욱 자연스럽다. 사실 아브라함은 예전에 자기 아내를 누이라고 속여 아비멜렉이 큰 곤욕을 치른 적이 있다

(창 20장). 아브라함이 누이라고 한 사라를 아비멜렉이 데려가 결혼하려 했으나 꿈에 하나님의 꾸짖음을 듣고는 돌려주었다. 이 일로 블레셋 궁궐의 여인들이 출산을 하지 못하는 하나님의 징벌을 받았다가 회복되는 일이 있었던 것이다.

창세기 21장에서 아브라함을 찾아와 언약을 맺은 아비멜렉은 창세기 20장에 나오는 아비멜렉과는 다른 인물, 즉 그의 아들이라고 해도 아브라함에게 거짓말을 더 이상 하지 말라는 (아들) 아비멜렉의 충고는 유효하다. 아버지에게 아브라함이 거짓말 잘하는 사람이니 조심하라는 말을 얼마나 여러 번 들었으면 아브라함과 맹세를 하면서 자신들 3대에 걸쳐 하나님 앞에서 거짓말 하지 말 것을 맹세하라고 강조했겠는가?

그러니 만약 하나님을 믿는 우리가 아브라함과 같이 하나님과 동행한다고 하면서 거짓말하는 사람으로 낙인찍혀 있다면 하나님은 얼마나 바쁘시겠는가? 하나님을 믿는 사람들이 세상 사람들과 약속을 할 때마다 하나님이 나오셔서 증인이 되어주셔야 하니 말이다!

아브라함은 여호와 하나님과 동행하는 사람이었지만 거짓말 때문에 여러 사람들에게 책망을 들었다. 아브라함의 거짓말은 그것이 처음이 아니었다. 예전에도 애굽의 바로 왕 앞에서도 동일한 거짓말을 해서 바로의 집에 큰 재앙을 안겼던 적이 있다

(창 12:10-20). 그러니 아브라함은 하나님 백성들의 자존심을 구기는 엄청난 실수를 자주 저질렀던 것이 아닌가!

요즘 우리 사회에서 정치인은 물론이고 기업인, 대학교수, 연예인, 심지어 목사들도 거짓말과 뇌물과 성적 범죄 등에 연루되어 나라가 시끄럽다. 크리스천으로 알려진 사람들도 전혀 다르지 않은 모습을 보면서 오늘 우리 시대의 아브라함을 보는 듯하다. 하나님과 동행한다면서 거짓말하던 아브라함을 닮지는 말아야 한다.

사람들이 하나님과 동행하는
당신을 보고 고백하게 하라

야곱의 아들인 요셉의 생애를 보면 하나님이 함께하시다는 객관적인 증거가 분명하게 나타나는 삶을 볼 수 있다. 특히 애굽에 노예로 팔려가 객지생활을 시작한 요셉의 '직장 상사들'이 요셉의 삶을 지켜보았다는 점에 주목해보면 세상과 일터에서 객관적 인정을 받는 삶을 살펴볼 수 있다.

요셉을 노예로 샀던 애굽의 친위대장 보디발은 요셉의 첫 번째 직장상사였다. 보디발은 하나님이 요셉과 함께하시는 모습을 그의 눈으로 직접 보았다. "그의 주인이 여호와께서 그와 함께하심을 보며 또 여호와께서 그의 범사에 형통하게 하심을 보았더라"(창 39:3). 하나님이 요셉과 함께하시고 요셉이 하는 모든 일이 잘되는 것을 보디발이 어떻게 확인할 수 있었을까?

당시 보디발 친위대장 집의 가정 총무로서 요셉이 한 일은 '집안일과 밭일'이었다. "여호와의 복이 그의 집과 밭에 있는 모든 소유에 미친지라"(창 39:5). 요셉은 노예들을 관리하면서 집안의 모든 살림을 책임지는 일을 해야 했다. 이것이 요셉의 '집안일'이었다. 또한 노예 노동력을 활용해 밭농사를 짓는 일을 책임지고 있었다. 이것이 요셉의 '밭일'이었다. 이 두 분야에서 요셉은 분명한 성과를 내었던 것을 알 수 있다. 보디발이 그것을 보았다(창 39:3).

예를 들어 요셉이 집안일을 하는데 집안의 가사 분담 등 집안 관리를 효율적으로 잘해서 보디발이 만족했을 것이다. 노예들의 건강 상태가 좋아져서 일을 잘했다든지, 도망치는 노예들의 수가 줄어드는 것같이 눈에 보이는 결과로 확인할 수 있었다. 밭농사도 효율이 좋아져서 소출이 많아졌을 것이다. 또한 생산한 곡물을 잘 보관하고 제값을 받을 수 있는 적절한 시기에 유통하여 이전보다 많은 수익을 올렸을 것이다. 그렇게 농사와 보관, 유통, 인사 관리 등 요셉이 하는 모든 일의 성과가 보디발의 눈에 분명하게 보였던 것이다.

애니매이션 영화 〈이집트 왕자 Ⅱ : 요셉 이야기〉(Jodeph, King of Dreams, 2000)에 보면 요셉이 보디발 친위대장의 집에서 어떻게 일했는지 상상할 수 있는 일화들을 소개하고 있다. 요셉은 대저택의 넓은 테라스를 얼굴이 비칠 정도로 열심히 닦아 놓았다. 요셉은 말을 팔려고 하는 상인의 저울 속임수를 간파해내어 보디발의 신임을 얻었다. 또한 집안에 쌓아 둔 정리되지 않은 미술품이나 물건들을 깨끗하게 정리하기도 했다. 농사를 지을 때는 수확 철에 허수아비를 세워서 새들을 쫓아내어 소출을 늘렸다. 얼마든지 상상해볼 수 있다. 보디발이 분명하게 확인할 수 있었던 요셉의 성실함과 탁월함을 상상해보라.

창세기 기자는 분명하게 기록하기를 요셉이 보디발의 집과 모든 소유물을 주관하게 한 때부터 하나님이 요셉을 위해 보디발의 집에 복을 내리셨다고 한다(창 39:5). 이런 복이야말로 하나님이 아브라함에게 주셨던 복이다. "너는 복이 될지라. …땅의 모든 족속이 너로 말미암아 복을 얻을 것이라 하신지라"(창 12:2-3). 보디발의 집이 하나님의 복을 받았다면 요셉 말고는 그 근거를 찾기가 힘들다. 보디발은 이방 민족과 전쟁을 하며 수많은 피를 흘리던 사람이었다. 그의 아내는 노예를 유혹하는 일에 골몰하던 요부(妖婦)였다. 이런 집이 어떻게 하나님이 주신 복을 받을 수 있었겠는가? 바로 복덩이 요셉 때문에 보디발의 집이 복을 받았다. 요셉은 하나님이 함께하시는 사람이라는 명확한 증거들로 사람들에게도 인정받았다.

요셉은 모함을 받아 왕의 죄수들을 가두는 감옥에 갇혔을 때에도 역시 하나님이 함께하셨다. 감옥의 간수장이 볼 때도 하나님이 요셉과 함께하시는 것을 알 수 있었다. 그래서 간수장은 옥중 죄수들을 다 요셉의 손에 맡겼다. 그래서 감옥 안의 제반 사무를 요셉이 다 처리했다(창 39:20-23). 이렇게 하나님은 감옥에서도 요셉과 함께하셨고, 그가 하는 모든 일에 성과가 있게 하셨다. 요셉의 두 번째 직장상사인 간수장도 하나님이 요셉과 함께하시는 것을 자신의 눈으로 직접 확인했던 것이다.

이렇게 하나님이 요셉과 함께하시는 모습은 요셉의 세 번째 직장이라고 할 수 있는 애굽 궁궐에서도 분명하게 드러났다. 신하들 중에 아무도 해석하지 못하던 자신의 꿈을 해석한 요셉을 보고 애굽 왕 바로는 이렇게 말했다. "이와 같이 하나님의 영에 감동된 사람을 우리가 어찌 찾을 수 있으리요"(창 41:38). 애굽의 바로도 요셉이 하나님과 함께하는 사람임을 입증해주었다. 또한 바로 왕 자신이 복덩이였던 요셉의 덕을 톡톡히 본 최대 수혜자였다. 7년 풍년, 7년 흉년 시대에 애굽에 요셉이 없었다고 상상해보라!

하나님과 사람, 모두에게
인정받는 동행을 위하여

요셉처럼 바람직하게 하나님과 동행하는 사람은 사람들에게도 인정받게 되어 있다. 결코 쉬운 일은 아니라서 우리의 숙제인 이것을 사도 바울이 잘 요약해주고 있다. 바울은 이렇게 말했다. "이로써 그리스도를 섬기는 자는 하나님을 기쁘시게 하며 사람에게도 칭찬을 받느니라"(롬 14:18). 음식문제로 형제를 비판하지 말라고 권면하면서 바람직한 그리스도인은 하나님과 사람에게 동시에 칭찬받는 사람임을 강조하고 있다.

또한 사도 바울은 벨릭스 총독 앞에서 재판을 받으면서 자신을 변호할 때에도 이렇게 말했다. "이것으로 말미암아 나도 하나님과 사람에 대하여 항상 양심에 거리낌이 없기를 힘쓰나이다"(행 24:16). 하나님 앞에서나 사람 앞에서 양심적으로 행동한다고 말하기는 쉽지 않은데 바울은 이렇게 자신을 당당하게 변호하고 있다.

또한 바울은 고린도교회에 보낸 편지에서 이렇게 말했다. "그런즉 너희가 먹든지 마시든지 무엇을 하든지 다 하나님의 영광을 위하여 하라. 유대인에게나 헬라인에게나 하나님의 교회에나 거치는 자가 되지 말고 나와 같이 모든 일에 모든 사람을 기쁘게 하여 자신의 유익을 구하지 아니하고 많은 사람의 유익을 구하여 그들로 구원을 받게 하라"(고전 10:31-33). 역시 우상에게 바쳐진 음식을 먹는 문제에 대해 교훈하면서 두 방향으로 생각하고 행동해야 함을 강조했다. 무엇을 하든지 하나님에게 영광을 돌리는 일이 중요한데, 또한 자기의 유익이 아니라 모든 사람을 기쁘게 하는 일 또한 중요함을 강조했다.

이렇게 하나님과 사람들에게 함께 인정을 받아야 진정 하나님과 동행하는 삶이라면 사분면으로 표현하는 평면좌표를 통해 네 유형의 사람들을 유추해볼 수 있다. 가장 바람직하기로는 하나님과 사람들에게 동시에 인정받는 멋진 신앙인이다. 하나님과 동행하는 사람이 이런 사람이다. 하나님에게나 사람들, 어느 편에도 인정받지 못하는 안타까운 사람들은 논외로 제쳐두어도 좋다. 그런데 사람들에게는 인정받지만 하나님에게 인정받지 못하는 사람들이 있고, 하나님에게는 인정받지만 사람에게는 인정받지 못하는 사람들이 있다. 이중에서도 하나님에게는 인정받(는다고 생각하)지만 사람들에게는 인정받지 못하는 사람들이 특히 문제이다. 바로 영육이원론에 빠져 있는 안타까운 사람들이 아닐 수 없다.

제2차 세계대전 무렵 중국에 가서 영어를 가르치다가 산둥에 있는 포로수용소에 수감된 랭던 길키(Langdon Gilkey)라는 미국 젊은이가 있었다. 그가 자신의 수용소 경험을 「산둥수용소」

라는 책을 통해 알렸다. 수감된 사람들에게 자유 다음으로 중요했던 배고픔에 직면했을 때 인간이 얼마나 연약한 존재인지 잘 보여주는 에피소드를 책에 남기고 있다.

1944년 겨울, 제2차 세계대전이 막바지에 이르고 일본군의 식량 배급이 최악의 상황으로 치달을 무렵이었다. 수용소에 있던 미국인 200명 앞으로 미국 적십자사에서 보낸 20킬로그램짜리 소포 꾸러미가 도착했다. 각종 먹을거리와 외투, 신발, 속옷 등으로 하루아침에 부자가 된 미국인들은 자기가 받은 구호 음식과 필수품을 이웃들과 관대하게 나누었다. 그런데 문제는 이듬해 1월에 수용소 전체 인원인 1,450명이 한 개씩 받고도 남을 1,550개의 소포가 또다시 수용소에 배달되었을 때 벌어졌다. 모든 사람에게 한 개의 소포를, 그리고 미국인들에게는 1개 반의 소포를 나눠주겠다고 했던 수용소장의 집행이 돌연 취소되었다. 미국 적십자가 보낸 물품은 미국인 수감자들에게만 7개 반씩 나눠줘야 옳다는 미국인들의 항의 때문이었다.

랭던 길키는 뭔가 잘못되었다고 생각하며 미국인들의 토론에 참여했는데, 미국인들의 논리는 이런 것이었다. 한 사업가는 이렇게 말했다. "그건 우리 물건이오. 다른 사람들에게는 미안하긴 하지만. 그들 정부는 왜 넋 놓고 있는 거요?" 한 변호사는 이렇게 주장했다. "이건 미국인 재산입니다. 법적으로 보면 간단합니다. 우리 평판에 오점을 남긴다고 해도 반드시 이 지옥 같은 곳에서 우리 미국인들의 재산에 대해 권리를 지켜야 합니다."

수용소에 기독교 선교사들도 많이 있었는데, 언제나 모든 일을 도덕적 측면에서 본다는 한 선교사는 이렇게 주장했다. 일본 당국에 의해서 나누라고 강요받으면 미덕을 잃는 것이니 도덕적으로 옳지 못하고, 일단 미국인들이 다 받아서 사람들과 나누도록 해야 한다는 것이었다. 그래서 저자가 미국인들이 7개 반씩 소포를 받으면 얼마나 다른 나라 사람들에게 나누어줄 거라고 생각하느냐고 물었다. 그랬더니 선교사는 대부분의 미국인들은 한두 꾸러미 정도는 나눠줄 거라 생각한다고 대답했다.

만약 이런 '도덕성'의 논리라면 내가 이웃에게 손해와 피해를 입히는 행동을 하더라도 내가 선을 행하려는 목적을 가지고 하기만 하다면 도덕적이라는 이야기가 아닌가? 자기도취에 빠져 있는 것이다. 자기와 하나님의 관계만 중요하지, 하나님이 온 세상 사람들을 창조하고 돌보시는 분이라는 사실을 중요하게 여기지 않는 것이다. 하나님은 적군인 일본인들을 통해서도 수용소 사람들의 고른 복지 혜택을 원하시는 것을 간과하는 것이다. 세상 모든 사람에게 햇빛과 비를 내려주시는 것이 하나님의 뜻이 아닌가(마 5:45). 사업가와 변호사와 선교사, 이 세 사람의 주장 중에서 나는 이 선교사의 주장에 정말 화가 많이 났다. 사업가와 변호사는 그야말로 자기 직업에 걸맞은 말을 했다. 그런데 선교사의 주장은 도대체 무엇이란 말인가? 그런 태도로 중국 선교를 했단 말인가? 책을 읽으며 나 자신이 목사라는 사실이 말할 수 없을 만큼 부끄러웠다.

결국 며칠 후 도쿄에서 결정 사항이 내려왔는데, 모든 수감자에게 소포 한 꾸러미씩을 배급하라는 것이었다. 그리고 그 공문에는 이런 구절이 추가되어 있었다. "이전에 미국인들에게 반씩 더 주기로 했던 나머지 백 개의 꾸러미는 다른 수용소로 보낸다." 저자는 말한다. "하나님이 적의 권세를 사용해서라도 인간사에 하나님의 정의를 이루신다"(랭던 길키 지음, 「산둥수용소」, 새물결플러스 펴냄, 193-223쪽).

이 우울한 이야기는 80여 년 전 전쟁터의 수용소에서 벌어진 남의 이야기만은 아니다. 미국인들만의 탐욕도 아니다. 하나님을 사랑하고 하나님의 기쁨을 추구하고 하나님과 동행하는 삶을 산다는 신앙인들이 이런 오류에 빠질 수 있다. 사람 생각을 하지 않는 것이다. 하나님이 나를 구원하셨지만 '세상'을 사랑하신 그 중요한 사실을(요 3:16) 잊어버리고, 또한 하나님이 강조하시는 형제 사랑을 포기하는 과오이다. "그가 우리를 위하여 목숨을 버리셨으니 우리가 이로써 사랑을 알고 우리도 형제들을 위하여 목숨을 버리는 것이 마땅하니라"(요일 3:16).

온갖 합리화로 사람 사랑을 포기하고 이기적인 주장을 펼치면서도 하나님을 섬긴다고 착각하는 일은 산둥수용소만이 아니라 오늘 우리에게도 벌어질 수 있다. 아무리 성자 같은 사람도 식사다운 식사를 못하면 죄인처럼 행동할 것이라고 했던 브레히트가 「서푼짜리 오페라」에서 한 말을 기억해야 하겠다. "무엇이 사람을 살아 있게 만드는가? 사람은 다른 사람들에게 의지해서 살아간다. 그러고는 그들이 자신의 형제였다는 사실을 잊어버린다"(앞의 책, 219쪽).

하나님과 동행하는 삶을 결국 사람들에게도 입증받기 위해 필요한 덕목들 중 중요한 한 가지는 '인내'라고 생각한다. 에녹이 하나님과 동행한 기간은 300년인데, 그 기간은 그 당시 900세가 넘는 생애를 살던 사람들에게는 상대적으로 짧은 기간이었다. 그러나 그렇다고 긴 시간이 아니라고 말할 수는 없지 않을까? 300년이다! 30년도 아니고 300년간 에녹은 하나님과 동행했다. 그 기간이 어떻게 짧은가? 에녹은 그렇게 긴 기간을 하나님과 동행하고 하나님을 기쁘시게 했기에 사람들에게 '증거'를 받을 수 있었다(히 11:5). 그 증거는 후세 사람들에게 매우 중요한 모델이 되었다.

제자훈련의 핵심도 오래 함께 있는 것이 아닌가? 예수님이 제자들을 택해 그들과 함께 있으면서(막 3:14) 훈련하셨듯이 사도들도 오래 함께 있으면서 효과적인 제자훈련을 감당했다. "제자들과 함께 오래 있으니라"(행 14:28).

사실 한두 번쯤은 쉽게 사람들을 속일 수 있다. 하나님과 동행하는 삶을 사는 척 행동하는 것도 가능하다. 1~2년쯤 하는 것도 조금만 노력하면 그리 어렵지 않을 듯하다. 그런데 10년, 20년 동안 그렇게 가식적으로 살 수 있을까? 만약 평생 그렇게 한다면 그것은 그 사람 인생의 중요한 특징이고, 인격 그 자체가 분명하다.

그러면 억지로 하느냐 마음에서 우러나와서 하느냐 하는 문제가 또 앞길을 막는다. 서양 철학의 큰 획을 그은 임마누엘 칸트의 영향으로 마음에서 우러나오지 않는 행동은 의미가 없는 것으로 착각하는 사람들이 많이 있다. 그러나 그런 생각은 본래부터 악한 인간의 본성을 제대로 이해하지 못했기 때문이다. 만약 우리가 마음에서 우러나오는 행동만 한다면 이 세상은 온통 엉망진창이 될 것이다. 인간의 마음이 얼마나 악한데 마음에서 우러나오는 행동만으로 세상이 제대로 유지되기를 기대하는가?

강변인지는 몰라도 억지로라도 하면 마음도 변할 수 있다는 것이 나의 주장이다. 그릇이 내용물의 형태를 좌우한다. 하나님과 동행하는 것도 그렇다. 마음에서 우러나오는 행동만을 하는 것이 아니라 하나님의 말씀이기에 억지로라도 하다 보면 하나님과 동행하는 삶을 살 수 있다. 첫발을 떼기가 쉽지 않고 습관이 될 때까지야 힘들겠지만 그 이후에는 탄력을 받아 의외로 잘 감당할 수도 있다. 사람들이 칭찬하고 하나님이 격려해주시면 평생 동안 그렇게 살 수도 있지 않겠는가?

결혼과 가정, 육아 등의 일상 영성을 다루는 좋은 책들을 통해서 알게 된 게리 토마스가 하나님과 동행하는 영성에 대해 좋은 안목을 주었다. 그는 영성을 정의하기를 "우리가 하나님과 관계 맺는 방식, 다시 말해 그분과 가까워지는 방식"이라고 말한다. 그리고 "하나님과의 관계는 데이트가 아니라 결혼생활"이라고 한 말이 참 인상적으로 다가왔다(「영성에도 색깔이 있다」, CUP 펴냄, 28쪽, 44쪽).

지금까지 이처럼 하나님과 동행하는 영성을 잘 표현해준 말을 찾지 못했다. 하나님과 관계를 맺는 것은 달콤한 데이트가 아니다. 고민이라고 해봐야 "어떻게 상대방의 마음을 얻어 결혼을 할까?"에 불과한 데이트는 하나님과 동행하는 삶의 비유로 부족하다. 평생 충실한 동반자가 되기 위해 한순간도 방심하지 않고 노력해야 하는 결혼생활이 하나님과 동행하는 것이라는 게리 토마스의 말에 공감한다. 기복 많은 일상의 삶, 기대한 일만 생기지 않는 두 사람의 관계 속에서 어떻게 결혼생활을 꾸려갈 수 있는가 고민하는 것이 하나님과 동행하는 것과 비슷하다.

데이트가 아닌 결혼생활을 만들어가고 일궈가듯이 하나님과 동행하는 우리의 영성이 우리의 삶을 통해서 사람들에게도 입증될 수 있기를 위해 더욱 노력해야 하겠다.

C·H·A·P·T·E·R·5

가정에서 인정받는 동행

한 남편과 한 아내의 부부관계, 기본부터 바로 세우라
특히 어려운 자녀양육, 성경 속 위대한 인물들도 안타깝게…
가족들과 함께하며 동행하는 훈련을 감당하라
하나님의 준엄한 질문 : "네게 속한 자가 또 있느냐?"

* * * * *

여호와 하나님이 아담에게서 취하신 그 갈빗대로 여자를 만드시고 그를 아담에게로 이끌어 오시니 아담이 이르되 이는 내 **뼈** 중의 **뼈**요 살 중의 살이라. 이것을 남자에게서 취하였은즉 여자라 부르리라 하니라. 이러므로 남자가 부모를 떠나 그의 아내와 합하여 둘이 한 몸을 이룰지로다. 창세기 2:22-24.

에녹은 육십오 세에 므두셀라를 낳았고 므두셀라를 낳은 후 삼백 년을 하나님과 동행하며 자녀들을 낳았으며. 창세기 5:21-22.

라멕이 두 아내를 맞이하였으니 하나의 이름은 아다요 하나의 이름은 씰라였더라. 라멕이 아내들에게 이르되 아다와 씰라여 내 목소리를 들으라. 라멕의 아내들이여 내 말을 들으라. 나의 상처로 말미암아 내가 사람을 죽였고 나의 상함으로 말미암아 소년을 죽였도다. 가인을 위하여는 벌이 칠 배일진대 라멕을 위하여는 벌이 칠십칠 배이리로다 하였더라. 창세기 4:19,23-24.

"얘들아, 오늘은 가족에 대해서 이야기를 하려고 한다. 지난 몇 주 동안에 좀 어려운 주제들을 다뤘는데, 오늘은 좀 쉽게 이야기해 나갈 수 있겠구나. 그동안 너희가 이 할아비 이야기를 잘 들어주어 고맙구나. 너희가 하도 착하고 대견해서 할머니에게 부탁해 맛있는 과자를 만들어달라고 했단다. 먹으면서 이야기하자꾸나."

"저희가 할아버지께 감사해야지요. 힘드실 텐데 늘 이렇게 시간을 내주시니 말이에요. 정말 감사합니다."

좋아라고 손뼉을 치면서 과자를 냉큼 입에 넣은 아다라에 비해 엘닷은 오빠답게 이제 감사인사도 할 줄 알았다.

'그래, 우리 엘닷은 이제 열세 살이나 되었지. 엘닷이 이제 제법 컸는걸.'

에녹은 아이들이 자라가는 것을 하나님에게 감사하며 생각으로 짧게 기도했다.

'하나님, 이 아이들이 생육하고 번성해 땅을 정복하게 하옵소서. 그래서 하나님의 창조 명령을 잘 수행할 수 있게 인도해주옵소서.'

이제 에녹의 질문으로 오늘의 수업이 시작되었다.

"오늘 우리가 나눌 이야기를 요약하면 가정에서도 하나님과 동행해야 한다는 것이다. 이 할아비가 어떤 이야기를 먼저 꺼낼지 너희가 알고 있지? 누가 한 번 말해볼까?"

"제가 할게요, 할아버지."

아다라가 먼저 나섰다.

"우리 셋 할아버지 가문의 특징은 대가족이 함께 산다는 것이에요."

"옳거니, 잘 알고 있구나! 그럼 아다라는 할아버지들의 성함을 다 외우고 있니?"

"그럼요. 아담 할아버지는 930세에 하늘나라로 가셨고요, 그 이후로 셋 할아버지, 에노스 할아버지, 게난 할아버지, 마할랄렐 할아버지, 야렛 할아버지, 그리고 제 앞에 계신 에녹 할아버지에요."

"그래, 우리 손녀가 잘 외우고 있구나. 아다라가 말한 대로 우리는 지금 셋 할아버지부터 너희까지 8대가 모여 살고 있는 것이다. 이것은 하나님의 놀라운 축복이란다. 조금 전에도 내가 속으로 기도했다만 하나님이 아담 할아버지와 하와 할머니를 창조하신 후에 복을 주신 창조의 명령을 이루기 위해서 한 할아버지가 스물 댓, 혹은 서른 명이나 되는 자녀를 낳아 번성하고 있는 것이란다."

엘닷이 장난스러운 표정으로 말했다.

"저희 아버지도요, 분가해서 사는 형들이나 누나들의 이름을 헷갈리시기도 해요."

"그래, 그건 이 할아비도 마찬가지란다. 더구나 이 할아비는 너희 같은 손자 손녀들까지 많으니 오죽하겠니?"

아다라가 개구쟁이 같은 표정을 지으며 질문을 했다.

"할아버지, 손자 손녀들 이름 다 못 외우시죠?"

"그래, 할아비도 이름을 잘 기억 못하는 손자나 증손자들이 꽤 있단다. 그래서 너희와 이렇게 돌아가며 이야기 나누는 시간을 갖지 않니? 이런 우리의 상황 때문에라도 꼭 필요한 것이 예배를 함께 드리고 식탁을 함께 나누는 것이야. 평소에는 떨어져서 자기들의 생활 터전에서 지내더라도 안식일에는 꼭 모여야 한다고 이 할아비가 그렇게도 목이 터져라 외치는 것이 바로 그 때문이란다. 오죽하면 이 할아비 별명이 '안식일 할아범'이겠느냐?"

아이들이 손뼉을 치며 크게 웃었다. 할아버지의 입에서 할아버지 자신의 별명이 튀어나오니 그렇게도 우스운가 보다. 요 근래 에녹이 아이들을 이렇게 웃겨본 적이 없었다.

"안식일 할아범이란 말이 그렇게 재미있니? 하지만 할아비는 그 별명을 훈장처럼 생각하고 있단다. 어쨌거나 안식일에 다 같이 모이면 하나님에게 감사의 제사를 드릴 수 있지 않니? 그 이

후에 언제나 함께하는 식사시간은 서로 못 나눈 이야기도 나누며 교제하는 정말 좋은 시간이란다. 그만큼 좋은 시간을 또 언제 마련하겠니?

힘들더라도 매주 안식일마다 모여야 가족 간의 유대도 깊어지고, 형제애도 생기는 것이란다. 멀리 떨어져 살 수밖에 없는 여러 형제들을 그때에 보지 않고는 볼 수 있는 시간이 별로 없어. 또 연세가 많이 드신 할아버지들의 인생 경험을 듣고 가르침을 받는 시간도 바로 제사 후의 식사시간인 것을 너희가 잘 알고 있을게다. 너희도 안식일을 중하게 여겨야 한단다. 그리고 참, 너희 집에서도 가정 예배를 드리고 있지?"

"예, 할아버지. 저희는 안식일 후 첫날과 셋째 날, 다섯째 날 저녁 식사시간 직전에 가족 예배를 드리고 있어요. 아버지가 말씀을 해주시고요, 어머니가 저희를 위해 기도를 해주세요."

엘닷이 똑똑하게 대답했다.

"그래, 안식일 제사와 더불어 또 중요한 것이 바로 가족들이 함께 드리는 예배란다. 가정에서 드리는 예배시간은 선조 할아버지들에게 들은 말씀을 대대로 전하는 중요한 시간이기도 하지. 우리의 이야기를 통해서 하나님의 말씀이 전수되는 것이란다. 이 할아비가 너희 아버지에게 가르쳐주었던 이야기들을 아버지가 너희에게 해주는 것이야. 하나님이 우리 인간들에게 하시려는 말씀이 모두 그 속에 들어 있단다.

　그러니 모름지기 가족들이 예배로 모이는 시간도 없다면 결코 가족이라고 할 수 없지. 그렇다면 하나님과 동행하는 삶을 살 수가 없단다. 가족들에게 감화를 끼치지 못하면 하나님과 동행할 수도 없는 것이야."

　아다라가 궁금한 것이 많다는 표정으로 질문을 했다.

　"할아버지, 할아버지는 하나님과 동행하기 위해서 혼자 떨어져 있으면 더 좋지 않으세요? 할아버지도 전에 몇 주간 산 속에 들어가 기도하셨잖아요? 그래서 안식일 제사에 참석하지 못하신 것처럼 말이에요."

　"그래, 아다라가 질문을 잘했다. 하나님과 밀접하게 교제하기 위해서 가끔은 사람들을 떠나야 할 때도 있단다. 하지만 언제나 그런 것은 아니란다. 그것에 대해서는 몇 주 후에 이야기 나누도록 하자.

　오늘 할아비가 강조하고 싶은 것은 함께 사는 가족들에게 감화를 끼치지 못한다면 하나님과 동행하는 것이 아니라는 말이다. 이 할아비가 너희 아버지 므두셀라를 낳은 후에 300년 동안 하나님과 동행했는데 너희도 잘 아는 작은 아버지들이나 고모들을 열아홉 명이나 낳지 않았니? 그 모든 가족의 일들을 다 감당하면서 하나님과 동행한다는 인정을 받은 것이 매우 중요하단다.

그러니 가정이 바로 수도원이 되는 것이다. 너희가 아직 어려서 오늘 결혼에 대한 이야기는 하지 않는다만 가정이야말로 하나님과 동행하는 사람들의 중요한 삶의 마당이란다. 이 사실을 너희도 꼭 명심하거라."

"옛, 할아버지! 잘 알겠습니다."

엘닷이 씩씩하게 대답했다.

"결혼에 대해서 다른 이야기는 못하더라도 이것만은 빠뜨리면 안 되겠구나. 에녹 성에 사는 사람들의 이야기인데, 그들과 우리는 각각 서로 아담 할아버지의 후손이라고 주장하고 있단다. 이 할아비는 셋 할아버지 계열의 7대 손이고 가인 할아버지 계열의 7대 손이 있단다. 누군지 알고 있니?"

"예, 알고 있지요. 우리 형님과 이름이 같은 라멕 할아버지예요."

엘닷의 대답이다.

"그렇지. 그런데 그 라멕 할아버지는 아내가 두 사람이란다"(창 4:19).

"예에? 할아버지, 그러면 아버지는 한 사람인데 어머니는 두 사람이란 말이에요?"

아다라가 놀란 듯 되물었다.

"그래. 그런 셈이지. 그런데 그것은 하나님이 본래 우리 인간에게 원하신 뜻이 아니란다. 아담 할아버지가 살아계실 때 이 할아비가 들은 이야기인데, 하나님이 두분을 짝지어주실 때 이렇게 말씀하셨다고 한다."

"무슨 말씀인지 궁금해요."

엘닷이 한 발짝 다가앉았다.

"이러므로 남자가 부모를 떠나 그의 아내와 합하여 둘이 한 몸을 이룰지로다"(창 2:24).

"그게 어떻게 한 남편에 한 아내가 있어야 한다는 뜻이에요?"

아다라도 몹시 궁금해 했다.

"그래, 남자가 결혼할 상대는 바로 하나님이 정해주신 '그의' 아내라고 하시지 않았니? 여러 사람이 아닌 게지. 그리고 부부가 된 남자와 여자는 합해서 한 몸이 된다고 하셨지 않니? 이렇게 한 남편과 한 아내가 한 몸이 된 것은 다시 뗄 수 없이 꼭 붙었다는 뜻이야. 그러니 한 남자가 자기 아내 외에 또 다른 여자와 한 몸이 될 수 없는 것이지. 물론 이런 결혼의 원리는 여자에게도 마찬가지로 적용된단다. 한 여자가 두 남자와 결혼을 해도 잘못이야. 그건 하나님의 뜻이 아닌 게지."

"저희는 그런 걸 잘 모르고 있었어요."

무언가 말하려는 엘닷의 말을 막으려는 듯 에녹이 급히 말을 이어갔다.

"라멕이 두 아내로부터 얻은 아이들은 에녹 성이나 더 멀리 떨어진 성들에서도 유명한 사람들이 되어 있다. 다음 주에 다시 이야기 나눌 텐데 그들은 직업적인 전문가들이 되었다. 그렇더라도 그것이 가정의 행복을 보장해주지는 않는단다. 근본적으로 그들은 하나님이 본래 의도하신 결혼에서 벗어나 잘못된 길로 갔기 때문이야.

라멕은 두 아내들 간의 사소한 갈등 때문에 이웃의 젊은이를 죽이기도 했지(창 4:23). 그리고 라멕의 두 번째 부인인 씰라가 낳은 딸 나아마도(창 4:22) 결혼할 때가 지났는데도 아직 결혼하지 않고 여러 남자들과 복잡한 관계를 가지고 있다는 소문이 있단다. 이런 모든 일이 다 잘못된 결혼 때문에 생긴 게야.

그러니 하나님이 원하시는 뜻 안에서 한 남자와 한 여자가 만나서 결혼하는 일이 정말 중요하단다. 이 할아비가 너희의 거룩한 결혼생활을 위해서 축복한다. 너희는 하나님이 짝지어주시는 한 아내, 한 남편과 혼인해서 복 많이 받는 가정을 이루렴."

"예. 감사합니다, 할아버지."

엘닷이 고개를 끄덕거리며 말했다.

"할아버지, 저도 감사합니다. 그리고 오늘 과자도 잘 먹었습니다. 할머니께 감사하다고 전해주세요."

할머니에게까지 인사를 놓치지 않는 아다라의 세심함에 에녹과 엘닷은 서로를 쳐다보며 놀라워했다.

 서녘을 붉게 물들이며 지는 노을이 무척이나 아름다워 보이는 안식일 저녁이다.

한 남편과 한 아내의 부부관계, 기본부터 바로 세우라

주부들에게서 자주 들을 수 있는 푸념이 있다. 처녀 때는 기꺼이 하나님에게 헌신했으나 결혼을 하고 나니 남편은 짜증을 내고 아이들은 울어대고 온통 엄마와 아내인 자신을 향해 만족시켜 달라고 요구하는 손길만 있어서 하나님과 교제하기가 쉽지 않다는 것이다. 주부라면 누구나 공감할 것이다.

 그래서 가정에서 하나님과 동행하기가 쉽지 않다. 부부간에도 풀어야 할 문제가 많이 있고 자녀를 낳아 양육하는 일도 쉽지 않다. 근본적인 이유는 간단하다. 바로 죄 때문이다. 아담과 하와가 에덴동산에서 하나님의 명령을 어기고 범죄한 이후 모든 것이 어그러져버렸다. 범죄를 추궁하는 하나님에게 아담은 변명했다. "내 뼈 중의 뼈요 살 중의 살"(창 2:23)이라고 극찬했던 아내에게 자신의 범죄에 대한 책임을 전가했다. "아담이 이르되 하나님이 주셔서 나와 함께 있게 하신 여자 그가 그 나무 열매를 내게 주므로 내가 먹었나이다"(창 3:12). 여자들은 그 일로 인해 남자들을 장악하려는 본성을 타고 난다. 남자들도 그냥 당하지는 않는다. "너는 남편을 원하고 남편은 너를 다스릴 것이니라"(창 3:16). 그러니 부부 사이에 평생 주도권 다툼이 있는 것은 어쩌면 당연하다.

사도 바울은 에베소서에서 한 가정의 중심이 하나 된 남편과 아내, 즉 부부라는 사실을 강조했다. 그런데 논리적 우선순위에서 가정의 머리 역할은 남편이 해야 함을 설명하고 있다. "남편이 아내의 머리 됨이 그리스도께서 교회의 머리 됨과 같음이니"(엡 5:23). 그리고 남편과 아내의 관계를 성부 하나님과 성자 예수님의 관계로 비유를 들어 설명하고 있다. "각 남자의 머리는 그리스도요 여자의 머리는 남자요 그리스도의 머리는 하나님이시라"(고전 11:3). 하나님과 예수님은 한 분 하나님이시지만 역할이 다르고 위격(位格)에 차이가 있다. 성령과 더불어 우리가 알고 있는 대로 '삼위일체'이신 분이다.

이런 신비로운 삼위일체 하나님의 관계처럼 남편과 아내도 하나가 되어 가정의 중심이 되어야 하지만 역할에는 차이가 있다. 성부 하나님이 삼위 하나님의 대표가 되듯이 남편도 그런 대표성을 띠는 역할을 가지고 있는데 죄로 인해 문제가 생긴 것이다. 이런 부부 관계를 어떻게 제대로 가져갈 수 있는지 바울은 에베소서에서 설명하고 있다(엡 5:22-33). 부부 관계에 대한 바울의 권면을 한마디로 줄이면 아내는 남편에게 복종하고 남편은 아내를 사랑하라는 교훈이다. 그런데 부부 관계에 중요한 전제가 하나 있다.

서울에서 목회하던 한 유명한 목사님이 이 본문으로 설교하면서 이렇게 말했다고 한다. "남편들이여, 아내를 사랑하십시오. 그러나 남의 아내까지 사랑하진 마십시오!" 여기서 끝이 아니었다. "아내들이여, 남편에게 복종하십시오. 그러나 남의 남편에게까지 복종하진 마십시오!"

이 얘기를 전해 듣고 정신없이 웃었지만, 가만히 에베소서 본문을 보다 보니 그 목사님의 설교가 사도 바울이 말하는 부부 관계의 핵심을 잘 반영하고 있음을 알 수 있었다. 오늘날 가정에서 생기는 부부간의 불화와 이혼의 중요한 원인인 불륜, 즉 성적 범죄가 어떻게 해서 생기는가? 한 남자가 아내 외에 다른 여인을 사랑하게 되었을 때 그 남자는 자기 아내와 이혼하고 난 후에 그 마음에 드는 여인과 교제를 시작하는가? 보통 그렇지 않다. 아내는 평생 나의 충실한 조강지처이고, 밖에 나와서 마음에 드는 여인은 또 그 나름대로 사랑스럽고 끌리는 여인이라고 생각하며 실제로도 그렇게 행동하는 못된 남편들이 있다. 남자만이 아니라 그렇게 행동하는 여자들도 있다.

하지만 성경이 말하는 진정한 부부 관계는 서로 사랑하고 복종하되 자기 아내와 자기 남편에게만 그렇게 하는 것이다. 아내들에게 권면하면서 바울은 '자기' 남편에게만 복종하라고 강조하고 있다. "아내들이여 '자기' 남편에게 복종하기를"(엡 5:22), "아내들도 범사에 '자기' 남편에게 복종할지니라"(엡 5:24).

남편들에게 권면할 때 25절에는 "남편들아 아내 사랑하기를…"이라고 하여 '자기'라는 표현이 없다. 그러나 한글개역성경에만 그런 것이고, 그리스어 원문 성경에는 정관사가 분명하게 붙어 있다. 남편들도 자기 아내만을 사랑해야 한다. 28절에서는 "이와 같이 남편들도 '자기' 아내 사랑하기를 자기 자신과 같이 할지니 '자기' 아내를 사랑하는 자는 자기를 사랑하는 것이라"고 하여 구체적으로 표현하고 있다. 남편들에 대해서는 특별히 강조하고 있다. 아내에 대한 권면보다 더 강조하며 자기 아내만을 사랑하라고 반복해서 권면한다.

33절에서 종합적으로 정리해주고 있다. "그러나 너희도 각각 '자기의' 아내 사랑하기를 자신 같이 하고 아내도 '자기' 남편을 존경하라." 이렇게 부부는 배타적인 관계 속에서 자기 남편과 자기 아내와만 관계가 형성되어야 한다. 한 남편과 한 아내의 관계라는 배타성을 전제하고 부부 관계를 적용해야 하는 것은 강조하고 또 강조해도 부족하다.

에녹과 손자 손녀들의 대화에서도 살펴본 것처럼 첫 인류 아담의 7대 손이었던 라멕이 이미 두 아내와 결혼한 것을 알 수 있다(창 4:19). 오늘날 현실 속의 뉴스 기사나 드라마와 영화 속에 단골 메뉴로 등장하는 혼외 관계와 혼외자에 관한 이야기가 하나도 이상할 것은 없다. 이미 인류 역사 초기부터 있어 왔던 일이다. 그러나 결코 바람직한 일은 아니다. 한 남편에 한 아내라는 부부 관계의 배타성이 하나님이 세워주신 부부 관계의 기본이기 때문이다. 이 사실은 가정에서 하나님과 동행하기 위한 중요한 전제가 아닐 수 없다.

특히 어려운 자녀양육,
성경 속 위대한 인물들도 안타깝게…

또한 자녀들을 낳아 기르는 일도 쉽지 않다. 여자들이 아이를 낳는 일은 남자들이 군대에 가서 고생하는 필수적 '통과 의례'와 비슷하다는 이야기를 들은 적이 있다. 군대생활을 할 때는 그 말이 수긍이 되었는데 지금 생각해보면 그리 적절한 비유가 아니다. 그깟 군대생활 몇 년의 고생과 아이를 낳아 기르는 어려움을 비교할 수는 없다. 여자나 남자를 막론하고 아이를 낳아 기르는 일은 대단한 일이고 매우 힘든 일이다.

하나님이 죄에 대한 벌로 하와에게 주신 잉태하고 해산하는 고통과 수고뿐만 아니라(창 3:16) 아이를 낳아 기르는 양육의 고통 또한 결코 만만한 일이 아니다. 아담과 하와의 아들 가인이 동생 아벨을 쳐 죽이고 하나님을 떠나 도망해 성을 쌓고 따로 살았을 때(창 4:16-17) 아담과 하와의 속이 얼마나 상했을까? 두 아들을 한꺼번에 잃은 고통에 밤잠을 못 자지 않았겠는가? 인류의 첫 형제들의 갈등과 살인으로 인한 고통은 이후 모든 부모가 자식으로 인해 겪는 모든 고통을 다 설명해준다.

아이를 낳아 기르는 일이 어렵고도 중요하기 때문인지 에녹은 65세에 므두셀라를 낳고 난 후에야 하나님과 동행하면서 신앙의 훌륭한 경지에 이를 수 있었다(창 5:22). 주석가 매튜 헨리가 강조한 대로 에녹은 므두셀라를 낳기 전까지는 그저 보통의 사람들과 같이 그저 그런 신앙을 가지고 있었지만 아들을 낳고 나서는 훌륭한 믿음의 소유자가 되었다(「창세기(상)」, 기독교문사 펴냄, 189쪽). 아이를 낳아 길러본 후에야 철이 들고 하나님과 동행할 수 있게 되었다는 해석인데, 성경의 표현과 부합하기 때문만이 아니라 현실적으로도 꽤 설득력이 있어 보인다. 또한 에녹은 하나님과 동행하는 300년의 기간에 자녀들을 더 많이 낳아 양육했다. 그 모든 과정에서 우리 주 하나님과 동행하는 삶을 살았다(창 5:22).

성경에 나오는 위대한 인물들의 삶을 보아도 그들의 가정생활이 늘 안정되고 행복했던 것은 아님을 알 수 있다. 이스라엘의 사사였고 선지자로 평생 사역하며 왕정시대를 여는 연결고리 역할을 했던 사무엘의 가정생활은 어땠을까? 그는 젖을 막 뗀 어린 시절부터 성막에서 지내며 섬겨야 했기에 부모의 지속적 사랑으로 양육받지는 못했다. 더구나 사무엘은 이스라엘의 사사가 된 후에는 평생 이곳저곳을 옮겨 다니며 백성들을 재판하는 삶을 살아야 했다. 그런 상황에서 사무엘의 자녀들에게는 어떤 어려움이 있었겠는가?

사사로 사역하던 사무엘의 일하는 모습을 묘사하면서 해마다 사무엘이 벧엘과 길갈과 미스바로 순회했다고 기록한다. 자기 집이 있는 라마에서도 동일하게 사사의 일을 했다(삼상 7:15-17). 그러니 사무엘이 자기 집에 머문 날 수가 한 달에 며칠이나 되었겠는가? 그렇게 이동하면서 일하는 삶을 사무엘은 해마다 반복하며 평생 지속했다.

사무엘은 그렇게 사사와 선지자로 활동하다가 후에 아들들인 요엘과 아비야를 사사로 삼았다. 그런데 아들들이 아버지의 행위를 따르지 않고 이권에 개입하고 뇌물을 받으면서 판결을 굽게 했다(삼상 8:1-3). 위대한 사사이자 선지자였던 사무엘의 아들들이 어떻게 그럴 수 있었는가? 사무엘이 '자식농사'를 잘못

지은 것이라고 성토할 수도 있다. 그런데 그 원인 중 하나를 유추해볼 수 있다. 평생 순회사역을 하던 사무엘이 자식들과 소통할 수 있는 시간이 절대적으로 부족했다는 것이다. 사무엘의 집이 있는 라마를 포함해 주로 네 곳에서 사역을 했으니 1년이면 9개월쯤은 출장을 다녀야 했다는 말이다. 그러니 사무엘이 아들들과 함께 지내며 대화하고 말씀 교육을 하는 일이 수월하지 않았을 가능성이 높다.

다윗은 어땠는가? 여덟 형제들 중에서 혼자 왕따를 당하는 아들이 막내인 다윗이었다. 사무엘 선지자가 찾아와 제사를 드리고 식사를 하는 중요한 가족의 행사에도 끼지 못했다. 다윗은 들에 홀로 남아 집안의 양들을 돌보고 있었다. 아버지 이새도 차기 왕을 선출하는 일이라면 일곱 명의 형들이 있는데 굳이 막내 다윗에 대해서는 큰 기대를 하지 않았다. 그러니 막내가 집안의 양들을 돌보는 전통에 따라 당번으로 다윗을 들에 남겨 두었던 것이다.

그렇게 귀하게 인정받지 못하고 어린 시절을 보낸 후 다윗은 왕위에 올라 이스라엘을 굳건하게 세우는 훌륭한 왕이 되었다. 그런데 가정적으로는 다윗에게 힘든 일이 많았다. 사울 왕의 모략을 극복하고 블레셋 사람 2백 명을 죽인 후 공주 미갈과 결혼했다. 묘한 정략결혼이었다. 이후 망명생활을 할 때 그 아내를 다른 남자에게 빼앗기고 나중에 왕이 된 후에 되찾아오기도 하는 우여곡절을 겪었다. 망명생활을 하면서도 여러 명의 아내들을 얻었고 자녀들도 여럿 낳았다.

그 자녀들의 아버지로서 다윗은 아버지다운 모습을 제대로 보였는가? 아들 암논이 이복누이 다말에게 욕정을 품고 범했을 때 다윗은 홀로 분노하고 또한 침묵했다. 아버지의 책임을 망각하고 있었다. 복수의 칼날을 갈고 있던 다말의 오빠 압살롬이 암논을 죽이는 불상사가 일어났을 때도 다윗은 아들 압살롬에 대해서만 병적 연민을 보였다. 하지만 아버지로서 반드시 해야 할 훈계와 꾸중, 아픔의 치유에는 무관심했다. 그러다가 결국 압살롬이 더 이상 가까워질 수 없는 반역의 길을 걷게 되었다.

사실 나는 성경의 인물들 중에서 다윗에게 바람직한 가정생활에 관한 교훈을 많이 얻었다. 망명생활을 하는 힘든 상황에서 아둘람 굴을 떠나 모압으로 옮겨갔을 때도 다윗은 부모님을 궁궐에서 지낼 수 있도록 모압 왕에게 부탁했다. 그래서 자신은 요새에서 머물렀지만 부모님은 궁궐에 머물 수 있게 했다(삼상 22:3-4). 이렇게 가족을 위해 헌신했다.

또한 하나님의 궤를 예루살렘으로 옮기는 중요한 행사를 마치고 번제와 화목제를 드린 후 백성들을 축복하여 돌려보낸 다윗은 자신도 집으로 돌아갔는데 "자기 집을 위하여 축복하려고 돌아갔더라"(대상 16:43)고 묘사한다. 가족들을 축복하기 위해 퇴근하는 직업인의 모습은 얼마나 바람직하고 멋진가! 그런데도 다윗의 가정생활, 특히 자녀들을 양육하고 세우는 일은 결코 쉽지 않았다. 우리가 가정에서 가족들에게 인정받고 하나님과 동행하기 위해서는 각별한 노력을 기울여야 함을 알 수 있다.

가족들과 함께하며 동행하는
훈련을 감당하라

가정에서 하나님과 동행하는 삶을 살기가 쉽지 않다고 하여 여기서 가정생활을 위한 장황한 지침을 이야기하지는 않을 것이다. 대신 한 가지만 생각하려고 한다. 가정에서 가족들과 동행하는 훈련을 할 수 있어야 한다. 가족들과 함께 지내다 보면 목소리가 높아지고 화를 낼 때도 있다. 심각하게 다툴 수도 있다. 그런데 그런 때에도 가족들에게 하나님과 동행하는 사람임을 인정받기 위해 노력해야 한다.

이런 노력을 기울이기 위해 우선 우리는 가족들의 말 속에서 하나님의 음성을 들을 수 있어야 한다. 부모님의 말씀 속에, 아내나 남편의 말 속에, 자녀들의 말 속에도 하나님의 음성이 들어 있다. 가족들의 말 속에 담긴 하나님의 음성에 귀를 기울여야 한다.

어느 날 저녁에 나와 아내는 마음이 서로 맞지 않았다. 지금은 무슨 내용인지 기억도 잘 나지 않는 이야기를 나누다가 서로 언성이 좀 높아졌다. 옆에 앉아 있는 어린아이들을 생각해 목소리를 낮추려고 했지만 아내와 나는 둘 다 조금씩 흥분하면서 목소리가 높아져갔다. 아이들의 걱정과 긴장 수치도 높아가는 것을 얼굴 표정에서 볼 수 있었다. 아들이 주뼛주뼛 눈치를 보면서 기어들어가는 목소리로 말했다.

"아빠, 싸우지 마."

"싸우는 거 아니야. 그냥 이야기하는 거야. 너희는 싸울 때 서로 때리고 그러잖아. 아빠 엄마가 지금 그러니? 그러니까 싸우는 거 아니지?"

나는 괜히 아이에게 쏘아붙이며 화풀이를 하고는 전의를 불태웠다. 말로만 조금 다투고 있으니 싸우는 게 아니라는 강짜였던 셈이다. 그런데 갑자기 여섯 살짜리 딸이 또박또박 단호한 어조로 이렇게 말했다.

"싸우는 게 아니면 예쁘게 말해야지!"

그렇게 딸에게 '퍽!' 하고 한 방 맞고는 딸의 그 말을 하나님의 음성으로 받아들였다. 나는 불태우던 전의를 상실하고 말았다!

그 후 아이들 앞에서는 본격적으로 부부 싸움을 하지 못한 편이다. 조금만 언성이 높아지면 아이들이 그날의 일기에 이렇게 적었기 때문이다.

"오늘 엄마 아빠가 또 싸웠다. 내 기분도 잡쳤다."

학교 선생님에게 검사를 받는 일기를 고쳐 쓰라고 할 수도 없어서 고민이 많았다. 그런데 아이들이 안 보는 곳에서는 싸울 맛이 나지 않았다. 관중이 없으니 그런가본데, 부부싸움이란 본래 그런 것 아닌가?

한번은 예배를 드리면서 일종의 '설교 쿠데타'를 경험하기도 했다. 지금은 가끔 특별한 날에만 가정예배를 드리지만 아이들이 어릴 때 가정예배를 지속할 때의 일이다. 사무실에 출근해서 성경을 통독하는 중에 잠언 23장 13~14절 말씀을 발견하고 기뻐서 그날의 가정예배 본문으로 정했다. "아이에게 회초리를 아끼지 마라. 매질한다고 죽지는 않는다. 따끔하게 처벌해서 바로 잡아야 아이가 올바르게 될 것이다"(쉬운 성경).

저녁에 집에 가서 가정예배를 드리면서 이 구절을 함께 읽은 후 나는 회심의 미소를 지으며 설교를 시작했다. 그런데 당장 딸이 나의 말을 가로막고 나섰다. 매질한다고 죽지는 않는다고 하는데 매 맞아서 죽은 사람은 정말 없느냐고 따지고 들었다. 어떻게 성경에 때리라는 말이 나올 수 있느냐며 뭔가 잘못되었다고 대들었다. 매를 맞아서 실제로 죽지는 않을지 모르지만 마음으로는 죽을 수도 있다고 뜨끔한 말 침도 놓았다. 아들도 가세해서 걷잡을 수 없는 분위기가 되었다.

스물한 살, 신학대학교 3학년 때부터 한 주일에 한 번 이상씩 설교를 해왔지만 그런 일은 처음이었다. 설교에 반항을 하다니! 전에 고집부리는 아들을 심하게 때린 적이 있는데 사실 그때 아들보다 딸이 더 상처를 받았다. 아마도 그때의 기억이 되살아났는지 딸은 예배를 드리다말고 격한 감정을 가누지 못했다. 마음이 아파 우는 딸과 덩달아 우는 아들을 달래고 다그치면서 우리 부부의 마음도 참 무거웠다. 나중에는 아내가 "하나님이 말씀하시면 그게 바로 하나님 말씀인 거지, 왜 안 믿으려고 해? 믿어!"라고 윽박질러 겨우 수습을 했다.

그날 진땀을 빼면서 어렵게 예배를 마쳤다. 잠자리에 든 아이들을 달래면서 부모가 자식을 때려서라도 가르치는 것은 사랑으로 징계하는 것이라고 변명을 하느라 애를 썼다. 장난처럼 재미있게 가정예배를 드리려다가 큰 낭패를 보고 나서 나도 아픈 공부를 했다. 가만히 생각해 보니 딸이 했던 말들이 다 새겨들어야 할 말이었다. 나는 경솔하게 말씀의 표피만을 보고 징계의 타당성을 주장하려 했다. "매를 맞아서 실제로 죽지는 않을지 모르지만 마음으로는 죽을 수도 있다"는 여덟 살, 초등학교 1학년이던 딸의 말을 하나님의 음성으로 받았다.

가정에서 하나님과 동행하는 것은 가족과 함께하는 여러 가지를 통해 연습할 수 있다. 가족이 함께하는 것은 세상 어떤 일보다 더 중요하다. 나는 가급적 가족들과 식사를 함께하려고 노력했다. 지금은 아이들이 커서 일주일에 한 번 만나기 힘든 때도 있지만, 특히 아이들이 어릴 때는 식탁을 함께하는 일을 위해 많은 노력을 기울였다. 식탁을 함께하는 것은 구약시대에 계약을 마친 후 그 맹세를 유효하게 하기 위한 식사(창 26:26-33, 31:43-49)뿐만 아니라 천국에 대한 묘사나(눅 14:15-24, 계 19:1-9), 심지어 구원에 대한 묘사에서도(계 3:20) 중요하게 강조되고 있다. 예수님은 이 땅에서 사역하면서 "먹기를 탐하고 포도주를 즐기는 사람"(마 11:19)이라는 조롱을 받으셨고, 특히 당시 사람들이 예상하지 못하는 장소에서 죄인으로 낙인찍힌 사람들과 음식을 함께 나누셨던 분이다(눅 15:1-2).

그러니 가족에게 있어서 식탁 교제가 얼마나 중요하겠는가? 나는 보통은 새벽에 일찍 집을 나와야 하는 날이 많아 주말이 아니면 아침 식사를 가족들과 함께하지는 못했다. 대신 저녁 식사는 가족들과 함께하려고 노력했다. 특히 아이들이 어릴 때는 신경을 많이 쓰면서 야근을 줄이고 정상적으로 퇴근해서 저녁이 있는 삶을 아이들과 함께하려고 노력했다. 아이들이 자라니 고등학교도 타지에서 다니고 군대에 가고 기숙사에 들어가 함께 만나기도 힘든 때가 많았다. 그래서 어떻게든 주말에 시간을 내어 꼭 식사를 함께하려고 노력하는 편이다.

식사뿐만 아니라 아이들이 자라날 때 최대한 여러 기회를 주는 일이 중요하다는 생각을 했다. 여행, 독서, 드라마 시청, 전시회나 연주회 가기, 영화 보기 등 아이들과 함께할 수 있는 것들을 최대한 찾아서 함께했다. 텔레비전 드라마를 함께 보는 것도 가족이 나눌 수 있는 쉽고도 유익한 동행이었다.

지금은 아이들이 성인이 되어 가리지 않고 함께 볼 수 있지만 아이들이 어릴 때는 못 볼 것을 까다롭게 가리는 편이었다. 전에 매우 인기 있던 드라마 〈대장금〉(이병훈 연출, 2003-2004)을 보던 일이 우리 가족에게 매우 의미 있었고 기억에 남는다. 당시 초등학교 3학년과 1학년 아이들이었으니 12세 관람가인 이 드라마를 볼 수 없었다. 그러나 아들딸의 열화와 같은 요청으로 결국 함께 보기로 했는데 드라마 보는 재미와 더불어 교육적 효과도 만점이었다.

사극을 초등학교 3학년, 1학년 아이들과 함께 보면 부모는 '국어사전'이 되어야 했다. "당장 포박하라. 문초하리라"는 대사가 무슨 말인지 궁금해 했다. "오늘은 고사를 지내는 날이니 준비하라"는 말을 듣고는 아들이 물었다. "아빠, 고사(告祀)가 뭐예요?" 딸이 재빨리 말했다. "고사(考査)는 시험이야. 시험!"

딸의 귀여운 한계가 또 드러나는 순간이었다.

〈대장금〉의 대사를 따라하는 것이 딸의 개인기였는데 "그럼, 어머니도 글을 아시옵나이까?"라면서 어릴 적 장금의 흉내를 곧잘 냈다. 장금이 모함을 받아 갇혔을 때 최고상궁이 하는 말을 흉내 냈다. "내일 아침까지 사실을 말하지 않으면 '의정부'로 보내 문초를 받게 하리라." 이번엔 아들이 깔깔거렸다. "하하하~ 의정부가 아니고 의금부야 의금부!"

"미련이 남는 건 뭐야, 아빠? 바보란 말이지?" "벼슬 한자리? 그건 닭 벼슬이지?" 손을 머리 위로 올려 닭 벼슬 모양을 만들어가며 묻고 제 스스로 답하는 딸이 너무 귀여웠다.

드라마 〈대장금〉은 많은 사람들에게 인기 있었던 국민 드라마였고, 한류열풍으로 전 세계 사람들이 많이 보았지만 우리 부부에게는 아이들과 함께하며 교육도 시킬 수 있는 정말 좋은 드라마였다. 한 상궁이 맛의 감각을 잃은 장금에게 음식 맛을 보지 말고 맛을 그려내라고 해서 결국 미각을 찾게 하는 장면을 함께 보며 감탄하는 아이들에게 이렇게 말해주었다. "얘들아, 너희도 저런 한 상궁 같은 훌륭한 선생님을 만날 수 있게 기도해라."

소갈(당뇨) 증세가 있는 명나라 사신을 위해 기름진 진미 대신 푸성귀로 만든 건강식 요리를 상에 올리던 한 상궁과 장금의 소신도 우리 가족에게 많은 생각을 하게 했다. 음식은 먹는 사람의 몸과 마음을 위해 정성으로 만드는 것이지 자기 자랑을 하려하면 안 된다는 교훈은 바로 성경적 직업관과 통했고, 인생을 살아가는 데 필요한 중요한 지침이었다. 우리 아이들은 몸에 좋지도 않은 황제의 음식을 상다리가 부러지게 차려놓는 최 상궁의 태도는 만용이요 일로 죄를 짓는 것임을 깊이 깨달았다.

"최고상궁이 되는 것이 목적이 아니라 길을 지키는 것이 중요하다"는 말도 멋진 교훈이었다. 세상에는 정말 나쁜 사람도 있어서 그들은 성공이라는 목적을 위해 수단과 방법을 가리지 않는다는 것도 아이들에게 알려주었고, 그런 나쁜 사람들을 멋지게 이기기 위해서는 장금이와 같은 능력과 지혜를 가져야 한다는 것도 가르쳤다.

그러나 다 좋은데 문제도 있어서 〈대장금〉을 방송하는 월요일과 화요일에는 평소에도 길지 않은 가정 예배시간이 더 짧아졌던 기억이 난다. 기도를 빨리 끝내라는 아이들의 성화가 만만치 않았고, 월요일과 화요일은 아빠와 엄마의 대표기도 날인데 서로 자기가 기도하겠다고 난리였다! 재미있고 유익한 드라마나 영화 등을 함께 보고 이야기하며 교훈할 수 있다면 의미 있는 동행의 묘미를 느낄 수 있다.

하나님의 준엄한 질문
: "네게 속한 자가 또 있느냐?"

흔히 가족만큼 전도하기 힘든 사람들이 없다고 말한다. 특히 믿지 않는 남편이나 아내, 부모님을 전도하기란 정말 쉽지 않다. 가족 전도가 힘든 이유는 가족에게 나의 생활이 다 노출되어 있기 때문이다. 그러니 가정에서 하나님과 동행하며 영성을 드러내기란 결코 쉽지 않다.

하나님이 타락한 소돔과 고모라 성을 멸망시키실 때 유일한 의인 롯을 도망시키기 위해 하나님의 사자들이 찾아왔다. 그때 천사들이 롯에게 말했다. "이 외에 네게 '속한 자'가 또 있느냐? 네 사위나 자녀나 성 중에 네게 '속한 자들'을 다 성 밖으로 이끌어 내라"(창 19:12). 롯은 천사의 말을 듣고 얼마나 안타까웠을까? 그래서 롯은 "소돔 성이 곧 망할 것이지만 내 말을 듣고 함께 성을 빠져나가면 살 수 있다"는 내용의 메시지를 여러 사람들에게 전했을 것이다.

그러나 소돔 성 사람들은 고사하고 롯의 사위들조차 롯의 심판과 구원의 메시지를 농담으로 여겼다고 한다. 결국 롯의 가족, 그것도 아내와 두 딸들만이 소돔 성을 빠져나가 도망가게 되었다. 그러나 그게 끝이 아니었다. 롯에게 진정으로 "속한 자들"은 그 단출한 직계 가족도 아니었다. 롯의 아내는 뒤돌아보지 말라는 천사의 명령을 어기고 불타는 소돔 성을 뒤돌아보아 소금 기둥이 되었다. 그러니 롯에게 최종적으로 속한 자는 그나마 두 딸뿐이었다.

롯은 남편으로서 아내의 세속적 욕망에 대해서 영향력을 행사하지 못했다. 이미 잃은 것을 돌아본 롯의 아내는 몸은 소돔 성을 떠나고 있었지만 마음은 그곳에 남겨 두고 온 것이다. 소돔 성이 자신에게 가져다준 안락함과 편안함과 사치함에 푹 빠져 있었다는 이야기이다. 남편이자 가장인 롯이 아내의 욕망을 조절해줄 수 있어야 했는데 롯은 그렇게 하지 못했다.

라스 폰 트리에 감독의 〈어둠 속의 댄서〉(Dancer in the Dark, 2000)라는 멋진 뮤지컬 영화를 보면 유전병으로 시력을 잃어가는 여인 셀마에게 호의를 베풀어 컨테이너를 빌려주는 집주인 빌이 나온다. 경찰관인 그는 아내의 지나친 사치벽을 알고 있으면서도 아내에게 재산이 바닥났다는 말을 하지 못한 채 계속 거짓말을 한다. 빌은 빚에 쪼들리다가 결국 셀마가 실명 위기에 처한 아들을 수술해주기 위해 모은 돈을 훔친다. 그 도둑질이 셀마의 살인을 유발하여 안타까움이 더욱 커진다. 그 남자는 유산을 팔고 빚을 내며 도둑질을 해서라도 아내의 욕망을 채워주는 것이 남편의 의무인줄 착각한 것이다.

결혼한 부부는 모든 부분에서 동행하여야 한다. 서로에게 선한 영향력을 미쳐야 하고, 배우자가 지나친 부분은 막아주어야 한다. 아내가 외모에 대한 지나친 강박관념이 있다면 남편도 문제의식을 느껴야 한다. 누구에게나 있는 외모에 대한 기본적 욕구가 탐미 중독으로 발전한다면 문제가 아닐 수 없기 때문이다. 또한 남편이 성공 지상주의에 빠져서 승진에 목을 매거나 돈벌이에 환장했다면 아내가 막아줄 수 있어야 한다. 이렇게 부부는 함께하면서 서로를 세워주어야 한다. 그러나 결국 롯은 바로 이런 중요한 부부의 동행에서 실패했기에 그의 아내도 그에게 속한 자가 아니었다.

그러면 롯의 딸들은 롯에게 속한 자들이었는가? 롯은 소돔과 같은 타락한 대도시에서 살다가 겨우 멸망을 피했기 때문인지 소알 성이라는 작은 곳으로 피신한다. 그러다가 다시 산으로 들어가 굴속에서 생활하게 되었다. 그런데 그 딸들이 굴속에서 아버지와 함께 살면서 아버지의 아들을 낳는 근친상간을 저질렀다. 롯의 큰 딸은 동생에게 이렇게 말했다. "우리 아버지는 늙으셨고 온 세상의 도리를 따라 우리의 배필 될 사람이 이 땅에는 없으니"(창 19:31). 왜 남편감이 없었겠는가? 그나마 나은 사람을 찾았어야지 어떻게 아버지를 통해 후손을 낳겠다는 생각을 할 수 있었는지 이해가 되지 않는다.

이 딸들의 당돌함은 롯이 아버지로서 자식들을 제대로 가르치지 못한 안타까움을 보여준다. 소돔 성에 외부에서 온 손님을 찾아 몰려와 성관계를 하겠다고 하는 동성애자들이 많았던 것을 보면(창 19:1-11) 롯의 가정 역시 죄악된 성 문화에 노출되어 있던 것이 분명하다. 사도 베드로가 롯에 대해 무법한 자들의 음란한 행실로 말미암아 고통당하고 날마다 불법한 행실을 보고 들어 의로운 심령이 상했다고 묘사하는 것처럼(벧후 2:7-8) 죄악된 문화가 롯의 자녀들에게도 치명적이었다. 결국 롯의 딸들도 롯에게 "속한 자들"이 아니었다. 소돔 성에서 살던 롯에게 속한 자는 하나도 없었다. 안타깝지만 그것이 현실이었다. 롯이 소돔 성에 오랫동안 살면서도 소돔 성 사람들은 물론이고 가족들에게도 영향력을 미치지 못했다는 것이 참으로 안타깝다.

사실 롯은 생면부지의 나그네를 접대하며 호의를 베풀 줄 아는 환대(hospitality)의 영성을 가지고 있었다. 그들이 천사인 줄 알지 못했을 텐데 극진하게 영접하고 대접하는 미덕을 보여주고 있었다(창 19:1-3). 아마도 아브라함에게 배웠을 것으로 보이는 훌륭한 신앙적인 미덕이었다(창 18:1-8). 그런데 그렇게 모르는 사람들에게는 하나님의 뜻을 따라 호의를 베풀어주고 가까운 가족들에게는 어떤 영향력도 행사하지 못한 것은 큰 문제가 아닐 수 없다. 가정에서 사랑하는 가족들에게 인정받고 동행하는 일은 이렇게도 어렵다는 것을 알 수 있다.

주님은 오늘 우리에게 질문하신다. "네 가족 중에 네게 속한 자가 있느냐?" 영적인 감화를 끼쳐야 한다. 하나님과 동행하는 영성을 가족들에게 보여주어야 한다. 그래서 하나님이 우리에게 허락하신 가정을 하나님과 동행하는 가족들의 천국으로 일궈 나가야 한다.

CHAPTER·6

일터에서 인정받는 동행

무슨 일을 하든지 주께 하듯이 일하는 성경적 직업관
억지로 가진 직업은 주께 하듯 할 수 없는가?
일터에서 하나님과 동행하는 I 영성 : Influence, Integrity
일터 동료들의 영혼에 당신의 이름을 남겨라

* * * * *

여호와 하나님이 흙으로 각종 들짐승과 공중의 각종 새를 지으시고 아담이 무엇이라고 부르나 보시려고 그것들을 그에게로 이끌어 가시니 아담이 각 생물을 부르는 것이 곧 그 이름이 되었더라. 아담이 모든 가축과 공중의 새와 들의 모든 짐승에게 이름을 주니라. 창세기 2:19-20.

네가 흙으로 돌아갈 때까지 얼굴에 땀을 흘려야 먹을 것을 먹으리니 네가 그것에서 취함을 입었음이라. 너는 흙이니 흙으로 돌아갈 것이니라 하시니라. 창세기 3:19.

가인이 여호와 앞을 떠나서 에덴 동쪽 놋 땅에 거주하더니 아내와 동침하매 그가 임신하여 에녹을 낳은지라. 가인이 성을 쌓고 그의 아들의 이름으로 성을 이름하여 에녹이라 하니라. 창세기

4:16-17.

이 사람들은 다 믿음을 따라 죽었으며 약속을 받지 못하였으되 그것들을 멀리서 보고 환영하며 또 땅에서는 외국인과 나그네임을 증언하였으니. 히브리서 11:13.

아다는 야발을 낳았으니 그는 장막에 거주하며 가축을 치는 자의 조상이 되었고 그의 아우의 이름은 유발이니 그는 수금과 통소를 잡는 모든 자의 조상이 되었으며 씰라는 두발가인을 낳았으니 그는 구리와 쇠로 여러 가지 기구를 만드는 자요. 창세기 4:20-22.

"지난 주간에는 이른 비가 좀 내리곤 했는데 너희는 어떻게 지냈는지 궁금하구나."

할아버지의 말씀에 아다라가 오빠를 대견하다는 듯 쳐다보면서 대답했다.

"아버지는 씨앗을 뿌리기 위해 밭을 가는 일로 바쁘셨어요. 엘닷 오빠도 아버지와 다른 오빠들을 도와서 일을 아주 많이 했어요."

"그래, 우리 손자가 아주 착하구나. 마침 파종을 시작하는 시기이니 오늘은 일에 대한 이야기를 좀 나눠보자. 이 할아비가 문제를 하나 낼 테니 맞춰 보거라. 아담 할아버지는 직업을 꽤 여러 번 바꾸셨는데 혹시 어떤 직업들을 가지셨는지 알고 있니?"

"언젠가 아버지가 가정예배 때 말씀하시는 것을 들었는데요,

아담 할아버지는 연세가 많으실 때에도 농사일을 직접 하셨대요. 아버지가 제 나이 때쯤에 아담 할아버지는 이미 800세가 넘으셨는데도 농사를 가르쳐주시고 가축 기르는 일도 직접 하셨다고 들었어요."

엘닷이 똑똑하게 대답했다.

"그래, 엘닷의 말대로 아담 할아버지는 연세가 드셨을 때에도 정정하셨다. 일도 직접 하셨고, 농사에 대한 궁금증을 질문하면 대답도 잘해 주셨단다. 옳거니, 그러니까 에덴동산에서 나오신 이후에 아담 할아버지가 가진 직업에 대해서는 엘닷이 대답을 잘 한 셈이다. 그럼 에덴동산에서 아담 할아버지는 어떤 직업을 가지셨는지 알고 있니?"

"아, 알았다!"

아다라가 손뼉을 치며 외치자 엘닷은 동생이 정답을 말하면 자신이 창피할까봐 걱정이라는 표정으로 아다라를 쳐다보았다.

"정말 알아?"

"아담 할아버지는 하나님과 함께 산책을 많이 하셨잖아요? 그러니 그냥 하나님과 재미있게 노셨나 봐요. 호호~"

"하하하~ 아다라가 제법이구나. 처음엔 대답도 잘 못하더니 이젠 농담도 잘하고 말이다."

아이들과 함께 한바탕 웃고 나서 에녹은 아담 할아버지의 직업에 대한 이야기를 들려주었다.

"아담 할아버지가 첫 번째로 가지셨던 직업은 작명가(作名家)라고 할 수 있단다. 들판에 널린 가시나무의 이름을 누가 지었을까? 오늘 우리가 드린 제사 때 제물이 된 동물의 이름이 양(羊)인 것도 누가 처음에 이름을 붙였기 때문이지 않겠니? 바로 아담 할아버지께서 지으셨단다"(창 2:19-20).

"할아버지, 그러면 혹시 아담 할아버지는 세상의 동물들과 식물들을 다 알고 계셨어요?"

아다라가 엘닷보다 더 궁금했던가보다.

"그럼, 그러셨고말고. 이름을 짓는다고 하는 것은 이름을 짓는 대상의 특징들을 잘 안다는 뜻이야. 특징을 잘 알고 있어야 적합한 이름을 지을 수 있기 때문이지. 너희도 함께 노는 사촌형제들의 별명을 짓지 않니? 바로 그 아이의 생김새나 행동, 말과 같은 남다른 특징을 따라서 별명을 짓는 것과 마찬가지란다.

에덴동산에서 동물들과 식물들의 이름을 지을 때는 아담 할아버지가 죄를 지으시기 전이었어. 그때는 지금보다 사람들의 지능이 훨씬 더 총명했단다. 조금 전에 아담 할아버지의 연세가 많으셨을 때도 농사나 목축에 대해서 많은 지식을 가지고 계셨다고 이야기하지 않았니? 그런데 예전에 아담 할아버지는 더 많은 지식을 가지고 계셨단다. 그래서 그 모든 동식물의 이름을 다 지으실 수 있었던 것이지."

엘닷이 말했다.

"아담 할아버지는 정말 대단하신 것 같아요. 몇 주 전에 어머니가 제 남동생을 낳으셨을 때 아버지가 이름을 지으려고 무척 고민하셨어요. 그런데 엊그제야 '에겔'이라고 지으셨어요."

"그래? 에겔이라…. '뿌리'라는 뜻이구나?"

"예, 맞아요."

"좋은 이름이다. 그래, 여하튼 아담 할아버지의 첫 번째 직업은 작명가라는 이 할아비의 말을 이해할 수 있겠지? 그럼 또 다른 직업은 뭐였을까? 이번에도 너희가 대답해보렴."

"……."

"어려운가 보구나. 아까 아다라가 비슷하게 이야기하긴 했는데, 이 할아비가 생각하기에 아담 할아버지는 정원사(庭園師)였을 뿐만 아니라 동물 사육사이셨다. 에덴동산의 관리를 전체적으로 책임지신 관리인이었다고도 할 수 있지."

"할아버지, 질문이 있어요."

아다라가 뭔가 꿍꿍이가 있는 듯 입술을 오므리며 웃음을 감추며 말했다.

"정원사나 사육사이셨던 것은 알겠어요. 그럼 아담 할아버지의 그다음 직업은 '선악과 도둑'이셨죠?"

할아버지와 두 손자 손녀들이 또 한바탕 웃음보를 터뜨리면서 이야기의 분위기가 무르익어갔다.

"아마 별다른 상황이 생기지 않는다면 엘닷은 아버지의 직업을 물려받아 농사짓는 일을 할 테고 아다라는 어머니처럼 집안 살림을 주로 하게 될 테지. 그런데 많은 사람들이 일에 대해 잘못 생각하고 있는 것이 있단다. 이제 그걸 이야기해주마. 아다라가 말한 '선악과 도둑'이신 아담 할아버지에게 하나님은 저주를 내리신 것이 사실이란다. 그게 뭔지 말해보겠니?"

"네! 땅이 저주를 받고 사람은 결국 흙으로 돌아가는 것이었지요. 그리고 사람은 죽을 때까지 얼굴에 땀을 흘려 수고해야 땅의 열매를 먹을 수 있다는 것이었어요"(창 3:17-19).

엘닷이 또박또박 대답을 잘했다.

"그래, 엘닷의 말대로 아담 할아버지와 하와 할머니가 에덴동산을 떠난 이후 이 땅에서 농사를 짓거나 일을 해서 먹고사는 것은 쉽지 않단다. 그런데 그렇다고 해서 우리가 하는 일 자체가 저주를 받은 것은 아니란다. 하나님이 아담 할아버지에게 생육하고 번성해 땅에 충만하고 땅을 정복하고 모든 생물을 다스리라고 하신 명령은 여전히 유효하단다. 죄로 인해 오염되었어도 그 사명은 여전히 우리에게 전해 내려오는 것이란다.

일의 사명은 근본적인 것이야. 물론 지난주에 이야기한 대로 가정을 이루는 사명도 마찬가지란다. 이 두 가지는 아담 할아버지가 타락하기 전에 하나님이 인류에게 주신 명령이지. 그래서 오늘 우리뿐만 아니라 우리 후손들도 여전히 추구해야 할 영원한 사명이란다."

"할아버지, 궁금한 게 있어요."

또 아다라가 질문을 하겠다고 하자 어떤 말이 아다라의 입에서 튀어나올지 몰라 두 사람이 미소를 띠며 긴장하는 눈치였다.

"걱정 마세요. 이번엔 그냥 질문을 할 거예요. 가인 할아버지가 놋 땅에서 성을 쌓고 아들인 에녹 할아버지를 낳은 후에 그 성의 이름을 에녹 성이라고 지으셨잖아요?"(창 4:16-17).

"그렇지. 지금도 에녹 성은 유명하지 않니."

"할아버지도 같은 이름을 가지셨는데, 혹시 에녹 성의 에녹 할아버지가 부럽지 않으세요? 저 같으면 부러울 것 같은데요."

"아다라의 말대로 이 할아비도 이제 나이가 들어가니 세상에 이름을 남기고 싶은 생각도 든단다. 사람들이 번창하는 에녹 성의 에녹 할아버지와 나를 가끔씩 헷갈릴 때도 그런 마음이 들긴 하더구나. 그러나 이 세상에 이름이 남지 않아도 이 할아비는 하나님과 늘 동행하면서 살아왔는데 뭐가 그리 부럽겠니? 세상에 이름을 남기는 것과 하나님과 동행하는 것 중 하나를 택하라면 이 할아비는 미련 없이 하나님과 동행하는 것을 택하련다. 어차

피 우리 인생은 나그네로 사는 것이란다. 나그네는 주변 경치를 즐기기는 하지만 그곳에 머물지는 않는단다. 목적지가 있기 때문이지."

"우리 할아버지 정말 짱이시다! 할아버지, 그 말씀 너무 멋있어요! '나그네는 주변 경치를 즐기기는 하지만 그곳에 머물지는 않는다.' 외워서 언니들에게 말해줘야지!"

아다라가 감탄을 하면서 흥분을 감추지 못했다.

"그래, 이제 지난주에 말했던 대로 에녹 성에 사는 라멕의 아들들에 대해서 좀 더 이야기를 해야겠다. 라멕 할아버지의 아들들은 탁월한 직업인들이란다. 야발은 유목뿐만 아니라 한곳에 머물면서 가축을 치는 목축업을 시작한 인물이란다. 우리도 가축을 키우지만 우리의 것과는 비교가 되지 않을 만큼 큰 규모로 가축을 키우고 있단다.

또 그의 동생 유발은 악기를 잘 다루는 재주가 있지. 유발의 연주를 한 번 들어본 사람이면 누구나 인정을 한단다. 또 씰라가 낳은 아들 두발가인은 구리와 철을 이용해서 생활에 필요한 여러 기구를 만들고 있어. 우리가 쓰는 농사 기구들 중에도 두발가인이 만든 것들이 많단다. 이전에 사용하던 기구들을 개량하거나 새로운 도구들을 만들어내는 창의력이 무척이나 놀랍더구나."

"정말 대단한 사람들이네요. 그런데 왜 우리 형님들 중에는 그런 능력을 가진 분들이 없지요?"

엘닷이 안타깝다는 표정으로 할아버지의 눈을 쳐다보며 질문했다.

"이 할아비도 개인적으로는 그것이 참 안타깝단다. 하나님을 잘 믿는 우리 셋 할아버지 계열에서 그런 훌륭한 직업인들이 나왔으면 좋겠는데 현실은 그렇지 않으니 말이다. 우선 우리가 그 분야에 특별한 노력을 기울이지 않은 잘못도 있을 게다. 그러니 너희도 앞으로 자라나서 직업분야에서 탁월한 능력을 갖기 위해 노력해야 한다. 너희가 이제 본격적으로 일을 하게 될 때 사람 앞에서 무엇을 보이려 하지 말고, 하나님 앞에서 일한다는 자세로 열심히 일해야 한다. 그래서 직업분야에서 사람들을 유익하게 하고 하나님을 기쁘시게 하는 사람들이 되어야 한다.

그리고 명심해야 할 것이 있단다. 하나님은 에녹 성 사람들이 가진 능력을 통해서도 세상의 많은 사람들을 유익하게 하시려는 뜻을 가지고 계시다는 것이야. 두발가인이 만든 농기구를 우리도 사용하는 것처럼 말이다. 그러니 하나님을 떠나 있는 그들이 만든 기술과 문명이라고 해서 우리가 거부할 것도 아니야. 그들이 잘하는 것을 보고 배우면서 더욱 바람직하고 의미 있게 사용할 수 있으면 된다는 것이지. 알겠느냐?"

"예, 할아버지. 잘 알겠습니다. 그런데 벌써 해가 다 졌어요."

엘닷의 말을 듣고 보니 지난주에 이어서 오늘도 이야기가 길어졌다.

"그래, 이 할아비가 오늘도 말이 많아졌구나. 긴 시간 동안 너희가 수고 많았다. 조심해서 돌아가거라."

무슨 일을 하든지 주께 하듯이
일하는 성경적 직업관

5장에서 다룬 대로 가정이 하나님과 동행하기 힘든 곳임은 틀림없다. 그러면 일터는 어떤가? 일터에서는 어떻게 하나님과 동행할 수 있는가? 비록 힘이 들지만 우리는 일터에서 하나님과 동행할 수 있어야 한다. 크리스천다운 직업인의 모습을 보이는 것이 일터에서 하나님과 동행하는 모습일 것이다. 일터에서 하나님과 동행했던 에녹에 대한 성경 기록은 거의 없지만 유추할 수 있는 자료들을 통해 일터에서 인정받는 동행을 생각해 볼 수 있다.

시대가 변하면서 직업에 대한 사람들의 생각도 바뀌고 있다. 개인적인 생각이지만 나는 IMF 위기가 우리나라 사람들에게 가져다준 긍정적인 유익이 있다면 평생직장 개념 대신 평생직업 개념을 가져다준 것이라고 본다. 평생직장을 미덕이나 추구할 방향으로 오해했다면, 구조적으로 평생직장이 사라지고 평생직업 시대라는 자연스럽고 바람직한 환경이 조성된 것이다. 최근에 디지털 혁명과 기술 융합으로 시작되고 인공지능(AI)으로 가속화된 4차 산업혁명시대에도 부정적인 요인보다는 긍정적인 기대와 가능성을 더욱 염두에 두고 대응해야 한다고 생각한다. 이런 시대에 우리 크리스천 직업인들은 기본으로 돌아가는 초심의 자세가 중요하다.

그것은 다름 아닌 성경적 직업관으로 무장하는 것이다. 크리스천들 중에도 평생직장 개념이 성경적 직업관이라고 생각하는 사람들이 있다. 그러나 사실은 그렇지 않다. 성경적 직업관을 잘 반영한 구절인 골로새서 3장 23절 말씀을 통해서 확인할 수 있다. "무슨 일을 하든지 마음을 다하여 주께 하듯 하고 사람에게 하듯 하지 말라."

바울은 골로새교회에 편지를 보내면서 이 부분에서는 '종들'에게 권면하고 있다. 노예제 사회인 로마에서 당시 종들은 주인의 필요에 따라 집안의 모든 일을 다 했다. 바로 그런 일들을 할 때 마음을 다해 주께 하듯이 해야 한다고 권면했다. 사람에게 잘 보이려고 하는 일도 꽤 괜찮은 평가를 받을 수 있을 텐데, 거기에 만족하면 안 되고 주께 하듯이 해야 하는 것이다.

이런 일의 자세를 오늘 우리에게 적용해보자. 한평생 살아갈 때 우리는 직장이 바뀔 수도 있고, 직업 자체가 바뀔 수도 있다. 때로 실직을 할 수도 있고, 전혀 예상하지 못한 직업적 경험을 할 수도 있다. 그러나 그 모든 일을 사람에게 하듯 하는 것이 아니라 주께 하듯 하면 된다는 것이다.

이것은 마음껏 직업을 바꾸어도 된다는 면죄부가 아니다. 평생에 몇 차례 직업을 바꾸거나 직장을 바꿀 때, 혹은 직업을 잃을 때라도 어떤 상황에서나 하나님께 하듯 일해야 한다는 강조점이 이 구절에 들어 있다. 한 직장, 한 가지 일을 해야만 크리스천답게 일하는 것이 아니란 말이다. 평생직장이라는 말 자체가 천직(天職) 개념과 연관해 평생 한 우물을 파는 일로 미덕으로 평가되었지만 그것이 성경적 개념은 아니다. 성경적 직업관은 "무슨 일을 하든지" 그 일을 주께 하듯이 하는 것이다.

이런 평생직업 개념을 성경에서 확인할 수 있다. 모세를 생각해보자. 그는 나이 마흔이 될 때까지는 애굽의 '왕자'였다가 이후 미디안 광야에서 '목자' 생활을 한 후에 80세에 하나님의 새로운 부르심을 받아 이스라엘 백성들의 '지도자'가 되었다. 모세가 평생 가졌던 세 가지 직업들 중에서 비교적 여유를 가지고 일했을 법한 직업은 목자라고 생각할 수 있다. 그런데 모세는 목자 시절에 자기가 일하는 일터인 광야에서 한 떨기나무에 불이 붙은 일상적인 일을 그냥 지나치지 않고 확인하기 위해 다가

갔다(출 3:3-4). 이 장면을 그냥 대수롭게 보면 안 된다. 나이가 여든 살이나 된 노인 목자이니 '목옹'(牧翁)이라고 해야 더 적당할 사람이 이런 열정을 가졌다. 모세가 일하던 지역은 건조하여 자연발화로 나무에 불이 붙었다가 사그라지는 일이 종종 있었다. 그런데 평소보다 좀 오래 타는 나무를 그냥 지나치지 않았던 것이다. 이렇게 자신의 일을 사람에게 하듯 하는 것이 아니라 주께 하듯이 할 때 하나님은 그에게 또 다른 사명인 이스라엘의 지도자가 되는 길을 열어주셨다(출 3:5-12).

다윗도 마찬가지다. 어린 시절에 그는 집안의 양을 치는 목자 겸 사울 왕의 악사 일을 하면서 직업 세계에 발을 내디뎠다. 그러다가 블레셋의 거인 장수 골리앗을 물리친 후 이스라엘의 군대장관이 되었다. 그러나 사울 왕의 미움을 받아 천부장으로 강등되었다. 군인이라는 직업인이 된 것이었다. 그리고 망명생활을 거쳐 30세에 이스라엘의 왕이 되었다.

이런 다양한 전직의 과정을 거친 다윗이 목동 시절에 과연 어떻게 일했는지 확인해볼 필요가 있다. 당시 다윗은 막내아들이 집안의 양을 치는 전통을 따라 목동으로 일하고 있었다. 그러면서 사울 왕의 궁궐에 매일 출근해서 왕의 악사 겸 비서로 일하게 되었다. 낮에는 양들을 종들이나 고용 목자들에게 맡기고 사울 왕의 궁궐로 출근했다. 저녁에 퇴근해서 밤에는 집안의 양들을 돌보는 일을 했다. 다윗은 성경 최초의 '투잡스족'이었다.

얼마나 바빴을지 상상해볼 수 있다. 그런데 아버지가 다윗에게 물건을 들고 가서 전하라는 심부름을 시켰다. 더구나 블레셋 군대가 침입해 와서 사울 왕이 엘라 골짜기로 나가 참전하고 있던 때였다. 평소 궁궐이 있던 예루살렘보다 서너 배는 더 먼 곳으로 가서 참전한 형들의 지휘관에게 음식을 전해주어야 했다. 만약 당신이 현재 두 가지 일을 겸직하고 있는데 회사에서 또 다른 중요한 일을 부과한다면 어떻게 하겠는가? 불평을 쏟아놓고 포기해 버리겠는가? 아니면 조용히 찾아가서 재고를 요청하겠는가? 모두 가능한 방법이다.

그런데 다윗은 그 문제를 색다른 방법으로 해결했다. 다른 날보다 더 일찍 일어난 것이다. 성경이 그 사실을 분명하게 기록하고 있다. "다윗이 아침에 일찍이 일어나서 양을 양 지키는 자에게 맡기고 이새가 명령한 대로 가지고 가서 진영에 이른즉 마침 군대가 전장에 나와서 싸우려고 고함치며"(삼상 17:20). 다윗은 두 가지 일을 하고 있을 때 한 가지 일이 더 주어지자 그 일을 하기 위해 더 일찍 출근하는 방법을 택했다. 집안일도 소홀히 하지 않고("양을 양 지키는 자에게 맡기고"), 아버지의 심부름도 제대로 하고("이새가 명령한 대로 가지고 가서"), 출근도 제대로 했다("진영에 이른즉").

노동력 착취나 '열정 페이'를 옹호하는 것이 아니다. 성실하게 자기에게 주어진 일들을 감당하기 위해 일찍 일어나서 진영에 이르러 보니 마침 골리앗이 나와서 이스라엘의 하나님을 욕하기 시작했다. 그날따라 골리앗이 하나님을 모욕하는 소리가 귀에 거슬렸고, 다윗은 분연히 일어났다. 결국 다윗은 그날 골리앗을 물리치고 민족을 구했다. 다윗은 출근길에서 기회를 잡아 뜬 사람이라고 할 수 있다!

억지로 가진 직업은 주께 하듯 할 수 없는가?

평생 직업이 성경적 직업관을 반영한다고 해서 우리가 직장이나 직업을 마음껏 바꾸어도 좋다는 뜻은 아니다. 직업을 바꾸고 직장을 바꿔야 할 상황이 현실적으로 생긴다. 그때마다 자신의 인생에서 한 획을 긋는 중요한 전환점임을 명심하여 기도하고 생각하면서 최선의 결정을 통해 새로운 하나님의 부르심을 모색할 수 있어야 한다.

그러니 전직만이 능사는 아니듯이 청년실업의 뼈아픈 현실 속에 있는 청년들도 이 사실을 꼭 생각해 보아야 한다. 과연 억지로 가진 직업은 주께 하듯이 할 수 없는가? 일터에서 하나님과 동행하는 영성을 생각할 때 현재 자신이 하고 있는 일이 본래 원했던 일이 아닐 때는 어떻게 해야 하는가? 내가 원한 최고의 직장이 아닌 곳에서는 하나님과 동행할 수 없는가?

사실 자신이 희망했던 직업을 갖거나 바랐던 직장에서 일하는 사람들은 의외로 많지 않다. 직업인들을 대상으로 하는 강의를 할 때 간혹 어린 시절이나 청소년 시절에 원하던 일을 하고 있는 사람들을 확인해보면 의외로 적다. 손을 드는 사람들은 주로 이런 직업인들이다. 여성들은 간호사나 교사가 많고, 남성들은 의사, 목회자, 법조인 등이 많다.

한번은 제주도에서 연합 청년집회를 할 때 어린 시절부터 희망하던 직업을 가지고 일하는 사람들은 손을 들어보라고 했더니 자매들이 우르르 손을 들어서 놀란 적이 있다. 알고 보니 제주도는 관광산업이 기반 산업이라서 주일성수를 제대로 하고 싶은 크리스천 여성들이 유치원이나 어린이집 교사 등 교사라는 직업을 선호한다고 했다. 그래서 한 열댓 명이나 되는 자매들이 손을 들었던 것이다. 사실 그런 경우는 극히 예외이다. 여하튼 우리는 억지로 가진 직업 속에서도 하나님과 동행하는 방법을 찾아야 한다.

영화 〈홀랜드 오퍼스〉(Mr. Holland's Opus, 1995, 스테판 헤렉 감독)가

바로 그 이야기를 해준다. 세상 사람들이 다 알아주는 위대한 작곡가를 꿈꾸는 청년 글렌 홀랜드는 음악대학 작곡과를 졸업한 후 4년만 교사로 일하면서 돈을 벌기로 했다. 그 후 교사 일을 그만 두고 나면 평생 교향곡 작곡만 하면서 살겠다는 인생 계획을 세웠다. 그래서 존에프케네디 고등학교의 음악교사로 취업해서 일을 시작하는데, 4년만 하겠다고 한 교사의 일을 30년 동안이나 계속하게 되었다.

그는 사실 교사가 하는 일을 그저 그냥 가볍게 생각했다. 그런데 교사 일이 그냥 마음은 떠나 있으면서 대충할 수 있는 일이 아니지 않은가? 홀랜드는 교사로 일하면서 그 사실을 깨닫는다. 그러다 보니 일에 대한 열정도 생겼다. 더구나 아들이 청각장애를 가지고 태어난 바람에 결국 퇴직하지 못한 채 음악교사의 일을 계속하게 되었다.

홀랜드는 60세가 되어 정년퇴직을 하게 되었다. 그런데 평소에 사이가 좋지 않았던 교장이 예산 부족으로 음악과목을 유지할 수 없다고 했다. 그가 퇴직하면 음악수업 자체가 없어지는 것이었다. 백방으로 노력해 음악과목을 살리려고 해보았으나 예산 부족을 이유로 모든 것이 수포로 돌아갔다. 홀랜드의 입에서는 "난 지난 30년 동안 헛된 일을 했나보다. 참 후회스럽다!"는 푸념이 절로 나왔다.

그런데 그가 학교를 떠나는 날, 30년간 길러낸 제자들이 그의 정년퇴임식을 준비해놓고 강당에 모여 있었다. 학생 때 클라리넷을 가르치며 열등감에서 벗어나도록 도와주었던 제자 거트루드 랭이 주지사가 되어 돌아와서 홀랜드 선생님의 퇴임식 축사를 했다.

"선생님, 선생님의 지난 30년 교직생활이 후회스러우세요? 늘 하고 싶으셨던 교향곡 작곡을 통해 유명해지지 못하셔서 말입니다. 선생님은 우리 중에서나 유명하시지 밖에서는 그렇지 않습니다. 그런데 선생님, 우리가 바로 선생님의 교향곡입니다. 우리가 당신의 음표입니다. 우리가 선생님의 가르침을 받고 이렇게 자랐습니다. 선생님이 우리를 가르쳐주셔서 오늘 우리가 이렇게 서 있습니다. 감사합니다."

그리고 커튼을 열어젖히니 거기에는 졸업생과 재학생들로 구성된 오케스트라가 교향곡을 연주할 준비를 하고 있다. 지휘봉을 넘겨받은 글렌 홀랜드 선생님이 교사생활을 하면서 유일하게 작곡한 교향곡 〈아메리칸 심포니〉를 제자들과 함께 감동적으로 초연한다. 이 영화는 홀랜드 선생님의 평생을 바친 '작품'(opus)이 과연 무엇인가 질문하고 있다. 그것은 교향곡 〈아메리칸 심포니〉가 아니라 바로 홀랜드 선생님의 30년 교직생활을 통해 길러낸 제자들이었다. 그러니 우리에게 전직보다 더 필요한 것은 직업관의 변화이다. 무슨 일을 하든지 사람에게 하는 것이 아니라 주께 하듯 할 수 있는 사고방식과 자세가 중요하다.

경제가 어려워지고 청년 실업률이 높아지면 직장인들이나 졸업생들이 또 다른 고민을 하게 된다. '하나님이 혹시 나를 전임사역자로 부르신 것은 아닐까?' 나는 하나님이 경제 상황을 어렵게 하셔서 더 많은 사람들을 전임사역자로 부르실 수 있다는 가능성을 부인하지 않는다. 그런데 신학교에 가겠다고 결심하는 청년들이나 친분이 있는 직장인들이 나에게 찾아오면 나는 이 한마디는 꼭 한다. "나도 좀 먹고 삽시다. 경제 좀 어려워졌다고 너도나도 다 신학교로 몰리면 저 같은 별 볼일 없는 목사는 어떻게 먹고 삽니까?" 물론 농담으로 하는 말이다. 사실은 신학교에 가겠다고 찾아와서 나와 이야기한 사람 중 나의 말을 듣고 진로를 바꾼 사람은 단 한 명도 없었다. 다 마음으로 이미 결정하고 인사하러 오기 때문이다.

그 사람들을 만나면서 감사하게 된다. 쉽지 않은 목회자의 길을 걷겠다고 결심하는 것이 아름답다. 그런데 앞으로 우리 사회가 고실업 사회가 되어 어려움이 크겠지만 목사 실업자가 많아지는 것도 보통 문제는 아니다. 이미 지금도 여기저기에 사역지를 찾지 못하는 목사들이 무척 많다. 그러니 전임사역자가 되기로 결심한 사람들도 다시 한 번 생각해 보기를 바란다. 왜 전임사역자가 되려고 하는가? 혹시 세상 속의 직장인으로서 바른 직업관을 가지고 하나님 앞에서 일하듯이 해보지 않고 지레 포기해버린 것은 아닌지 돌아보기를 바란다.

똑똑하고 믿음 좋은 젊은이들이 목사가 되어야 하는가? 그런 젊은이들은 사실 이 세상에서 더욱 필요하다. 그런 믿음 좋은 사람들이 치열한 세상 속에서 하나님 나라의 진정한 일터사역자가 되어야 한다. 믿음 좋고 능력 있는 우리 젊은이들이 말도 안 되는 사람들이 설치는 정치계에 입문해야 한다. 비리투성이인 기업계에 진출하고 연예계에 가고 교육계에 가야 한다. 그래야 세상이 변한다.

이제 이쯤에서 실직에 대해서 생각해 보아야 한다. 실직을 했다면 그 사람은 하나님과 동행하지 못하는 것인가? 그렇지 않다. 영어로 된 한 소책자의 제목이 「The Spirituality of Work: Unemployed Worker」였다. 고용되어 보수를 받고 일을 하지는 않지만 여전히 일하는 사람을 '실업자'로 묘사했고, 그들이 가져야 하는 일의 영성을 다룬 책이다. 실업자에게도 할 일이 있다. 캐나다 리젠트신학교에서 가르쳤던 폴 스티븐스 교수는 강의시간에 실업자가 해야 할 가장 중요한 일이 있다면서 그것은 '직업을 찾는 일'이라고 했다는 말을 들었다. 실업자가 되어도 일을 해야 하고, 더욱 하나님과 동행해야 한다.

실직에는 양면성이 있다. 물론 놀고먹으려고 선택한다면 실업 그 자체가 죄악이 될 수 있다. 바울은 데살로니가교회 교인들 중에 게을러서 도무지 일하지 않는 사람들을 향해 "조용히 일하여 자기 양식을 먹으라"고 권면했다. 일하기 싫어하거든 먹지도 말게 하라고 단호하게 교훈하고 있다(살후 3:10-12). 그러나 미래를 위한 준비라면 실직은 오히려 기회일 수 있다. "환난 날에 나를 부르라. 내가 너를 건지리니 네가 나를 영화롭게 하리로다"(시 50:15).

그런데 막상 실직을 하게 되면 허둥대는 것이 인지상정이다. 경제적인 부담, 자신을 향한 무력감과 자괴감, 지인들을 향한 창피함, 가족을 향한 미안함 등의 복합적인 감정이 겹치면서 속이 탄다. 그러나 일단 실직을 하면 그 시간을 '하프타임'으로 인식할 수 있어야 한다. 마치 넘어진 김에 쉬었다 간다고 하듯이.

마음의 준비를 하려고 해도 실직을 하면 허둥대는 것을 어쩔 수 없기 때문에 필요한 것이 바로 '실직 시나리오'이다. 대단한 것은 아니다. 워드나 엑셀 프로그램에서 여러 개로 된 빈칸을 만들어서 가장 왼쪽 칸의 세로 쪽으로는 실직 기간을 적는다. 1개월, 2개월, 3, 6, 9, 12개월, 1년 반, 2년, 3년 등. 그리고 가장 위 칸의 가로 쪽으로는 실직을 했을 때 할 일을 적는다. 직업을 구하는 일, 쉼 계획, 재정 계획, 가족들과 보내는 시간, 자기 계발 계획, 교회 봉사, 미혼인 경우에는 결혼 계획까지. 그 외에도 자신이 생각하는 실직 기간에 해야 할 일들을 얼마든지 적어볼 수 있다. 가로와 세로가 만나는 빈칸에 실직했을 때 그 기간에 자신이 해야 할 일을 구체적으로 적으면서 실직 상황을 미리 겪어보는 것이다.

실직 시나리오는 일종의 각오이다. 실직 시나리오에는 인생을 열심히 살고 어떤 어려움이 닥쳐도 하나님이 나와 함께하심을 잊지 않겠다는 다짐과 헌신의 의미가 담겨 있다.

일터에서 하나님과 동행하는 I 영성
: Influence, Integrity

쉽지 않은 일터의 현실 속에서 크리스천 직업인들이 하나님과 동행하기 위해 필요한 영성은 무엇인가? 영어 단어 I로 시작하는 두 가지를 생각해보자. 첫 번째 I 영성은 Influence(영향력)이다. 일터에서 미치는 영향력은 바로 업무 능력을 말한다. 우리에게 탁월한 능력이 없이는 일하는 현장에서 인정받을 수 없고, 하나님과 동행하기도 힘들다.

다니엘은 그의 일터에서 탁월한 능력을 통해 영향력을 발휘했다. 특히 메대 바사 제국의 궁궐에서 벌어진 일을 통해 다니엘의 영향력을 확인해 볼 수 있다(단 6장). 메대 바사 제국을 세운 다리오 왕은 정치개혁을 시도하면서도 이전 정권 바벨론 왕국에서 수십 년 총리생활을 했던 다니엘을 전적으로 신뢰했다. 그를 새로운 왕국의 세 총리들 중 수석으로 삼아 전국을 통치하게 하려고 할 때 다니엘의 정적들이 모함을 했다. 그들이 제정하게 한 기도 금지령을 어긴 다니엘이 사자 굴에 들어가게 되었을 때 다리오 왕은 어떻게 하든 다니엘을 살려 보려고 노심초사했다. 그 이유가 무엇이었을까?

바로 다니엘의 능력 때문 아니었는가? 나중에 다니엘이 사자 굴에서 살아나온 후 다리오 왕은 다니엘을 모함했던 사람들, 즉 "총리들과 고관들"(단 6:4)을 처형했다. 두 명의 총리들과 적어도 두 명 이상의 고관들을 처형했다는 말이다. 그런데 당시 관리들이 행정과 국방을 동시에 책임졌을 고대 사회의 국가 시스템을 생각할 때 이 처형은 무모했다. 외적들이 쳐들어오면 어쩔 것이었는가? 하지만 왕은 정치적 포석을 분명하게 가지고 있었다. 당파 싸움이 났지만 다니엘을 살린 왕은 다니엘이 가지고 있는 인적 인프라와 이전 제국에서 오랫동안 총리생활을 했던 경륜을 바탕으로 그가 충분히 대제국을 경영해나갈 수 있을 것이라고 판단했던 것이다. 그래서 쉽지 않은 정치개혁을 단행했다. 이 정도로 다리오 왕이 다니엘을 신임했다.

이렇게 일터에서 하나님과 동행하기 위해서는 직업적 전문성으로 인정받아야 한다. 그래야 진정한 영향력을 행사할 수 있다. 폴 스티븐스 박사가 그의 책에서 소개하는 한 배관공은 바로 그의 일터에서 하나님과 동행하는 사람이었다. 캐나다 요크셔의 한 시골교회가 교회당에 스테인드글라스를 설치했는데, 1836년에 교회 근처 한 동네에서 태어난 토머스 크래퍼라는 이름의 배관공을 기리는 의미를 부여했다.

그 교회는 화장실 변기의 이미지가 담긴 실루엣을 스테인드글라스에 넣었는데, 그 교회 교인이었던 토머스 크래퍼가 개량형 수세식 변기를 발명한 것을 기념하기 위해서였다. 인터넷으로 확인해 보니 스테인드글라스에 화장실 변기의 모습이 실루엣으로 조그맣게 그려져 있어서 실망스럽긴 했다. 하지만 세상 속에서 자신의 직업적 능력으로 사람들의 복지에 기여한 하나님의 사람을 기념한 의도는 매우 높이 살만 했다. 그 지역의 한 신문이 이 교회의 스테인드글라스에 얽힌 일을 취재하여 토머스 크래퍼에게 하나님이 주신 창의성과 지혜로 지금까지 수십억 명의 사람들에게 혜택과 편의를 주었다고 보도하기도 했다 (폴 스티븐스 지음, 「하나님의 사업을 꿈꾸는 CEO」, IVP 펴냄, 147쪽). 자신의 분야에서 이런 영향력으로 사람들을 복되게 하는 일이 바로 일터에서 하나님과 동행하는 길이다.

일터에서 하나님과 동행하기 위한 두 번째 I 영성은 Integrity(신실함)이다. 세상의 일터 현장에는 불성실과 비리와 왜곡이 난무하는데, 그 속에서 우리는 크리스천다운 성실과 정직으로 승부를 걸어야 한다. 다니엘이 협잡과 권모술수가 난무하는 메대 바사 제국의 궁궐에서 이런 시험을 받았다. 다니엘의 정적들은 다니엘을 치밀하게 사찰했다. 특히 재정 문제(단 6:2)에 관련된 모든 부분을 샅샅이 뒤졌을 것인데, 그 정적들의 활동과 결과에 대해 성경은 이렇게 묘사한다. "이에 총리들과 고관들이 국사에 대하여 다니엘을 고발할 근거를 찾고자 하였으나 아무 근거, 아무 허물도 찾지 못하였으니 이는 그가 충성되어 아무 그릇됨도 없고 아무 허물도 없음이었더라"(단 6:4). '근거, 허물, 그릇됨'이라는 단어들을 다섯 번이나 반복하면서 다니엘이 털어도 먼지 나지 않는 사람이었다고 알려준다.

오죽하면 그 사찰요원들이 제출한 보고서의 내용이 이런 고육지책이었겠는가. "이 다니엘은 그 하나님의 율법에서 근거를 찾지 못하면 그를 고발할 수 없으리라"(단 6:5). 결국 그들은 하루 세 번 빠뜨리지 않고 기도하는 다니엘의 종교적 습관을 문제 삼았다. 그것도 현행법에는 저촉되는 것이 없으니 억지로 된 법을 하나 만들어서야 다니엘을 사자 굴에 넣을 수 있었다. 이런 정직함이 다니엘이 일터에서 하나님과 동행한 증거였다.

과연 일터 현장에서 이런 가치 있는 정직을 제대로 실천할 수 있을까? 정직하다 보면 일을 해도 제대로 수익을 얻지 못하거나 심지어 망할 수도 있다. 결코 쉽지 않겠으나 하나님을 철저하게 신뢰하면서 어려움을 이겨내야 한다. 그러면 정직해도 성공할 수 있음을 입증할 수 있다.

거짓이 난무하는 사회적 풍조 때문인지 우리 크리스천들조차 정직하지 못한 것이 참으로 안타깝다. 우리 크리스천 직업인들이 정직하지도 않으면서 성공한다면 그 성공으로는 결코 하나님이 영광을 받지 않으신다. 정직하지도 못하다면 성공할 꿈을 꾸지 말아야 한다. 차라리 성공하지 말고 정직하자. 정직한 가난을 택하자. 우리 크리스천들이 정직한 '만년 대리'를 하자. 비록 '골통 과장'이지만 정직하기로는 회사 내에서 제일가는 사람이 있다면 그 사람은 틀림없이 크리스천이어야만 한다!

미국의 컨설팅 회사 경영자인 마크 드모스(Mark DeMoss)가 한 정직한 직업인을 소개한다. 캐나다의 〈토론토 스타〉 신문의 기자가 미스터리 샤퍼 방식으로 점화선이 좀 느슨한 것 외에 이상 없는 자동차로 열세 곳의 정비공장들을 찾아다녔다. 그런데 많은 정비사들은 멀쩡한 차에 여러 문제가 있다며 수리해야 한다고 말했다. 그러나 60대 후반의 세실 브렌튼이라는 정비사 한 사람만 느슨한 점화선을 조여주고는 수리비도 요구하지 않았다. 그리곤 아무 문제가 없으니 가보라고 했다. 기자가 신분을 밝히며 왜 그렇게 했는지 이유를 묻자 그는 대답했다. "저는 그리스도인입니다."

그 이야기가 신문에 실리자 운전자들이 브렌튼의 공장으로 몰려들었고, 그는 그곳에서 12년을 더 일하다가 은퇴했다. 그 기사가 나온 지 21년 후에 세실 브렌튼이 세상을 떠나자 〈토론토 스타〉는 그의 사망 소식을 일반 부고란에 싣지 않았다. 이런 제목으로 특별 기사를 게재했다. "세실 브렌튼, 향년 89세. 정직하기로 유명한 '크리스천 정비사'"(마크 드모스 지음, 「CEO, 솔로몬을 만나다」, 비전과 리더십 펴냄, 169-171쪽).

우리가 과연 인생에서 누구의 인정을 받으려고 그렇게 아옹다옹, 안달복달하면서 그 잘난 성공을 추구하며 지저분하게 살아야 하는가? 평생 구멍가게를 못 면해도 정직함으로 승부하는 우리의 인생을 하나님이 기뻐하실 것이다. 정치계, 재계, 종교계, 교육계, 문화계 등 지저분하지 않은 곳이 한곳도 없는 이 세상에서 우리 크리스천들만이라도 깨끗해야 앞을 내다볼 수 있다. 정직한 사람이 내다보는 앞날만이 비전 있다.

일터 동료들의 영혼에
당신의 이름을 남겨라

이렇게 능력과 정직으로 인정받는 크리스천 직업인이라야 일터에서 전도를 제대로 할 수 있다. 그런데 한 사람의 인격이 가족들에게 철저히 노출되어 있기에 가족을 전도하는 것이 어려운 것처럼 일터 전도 역시 그리 호락호락한 것은 아니다. 하루 중 눈을 뜨고 있는 시간의 절반 혹은 3분의 2 이상을 함께 지내는 직장 동료들에게 드러나지 않을 숨겨진 인격이 남아 있는가? 그러니 일터에서 전도하려면 철저한 신뢰와 친분 속에서 장기적인 관계전도를 시도하는 것이 바람직하다. 믿지 않는 동료들이 크리스천들에게 뭔지 모를 부러움을 느낄 수 있어야 전도가 가능하다. 호감이 가고 배울 만한 점이 있어야 그 사람도 동료를 따라서 함께 예수 믿을 결심을 한다. 일터 동료들에게 이런 관계전도를 할 수 있기 위해서는 능력과 정직의 영성으로 무장하는 과정이 반드시 필요하다.

관계전도 또한 다니엘에게서 배울 수 있다. 다니엘은 능력과 정직으로 일터에서 인정받는 사람이었기에 일터에서 전도의 열매를 거두었다. 다리오 왕이 다니엘의 사자굴 생환 이후 조서를 반포하는데, 다니엘이 믿는 하나님에 대해 구체적으로 언급하고 있다(단 6:26-27). 적어도 다리오 왕은 자기가 섬기는 많은 신들보다 하나님이 더 위대한 신이라는 사실을 믿었을 것이다. 다리오 왕이 하나님에 대한 이런 믿음을 갖게 된 것은 바로 다니엘의 관계전도 때문이라고 볼 수 있다.

사실 다니엘은 일터에서 동료들이나 아랫사람들과의 관계에서는 실패했다. 그런 좋지 않은 관계를 원하지 않았지만 그들은 다니엘을 죽이지 못해서 난리였다. 그런데 다니엘은 한 관계만은 결코 포기하지 않았다. 바로 직장상사 다리오 왕과의 관계였다. 다니엘은 사자굴 안에서도 왕을 향한 예의를 잃지 않았고, 또한 자신의 결백함을 간증했다.

우리도 다니엘처럼 일터에서 관계전도를 시도할 수 있다. 일단 한 사람을 정하는 것이 중요하다. 그를 위해 기도하고 친밀한 관계를 유지해야 한다. 자주 '접촉'을 시도하는 것이 좋다. 이 접촉은 언제나 흔적을 남긴다. 필요 없거나 의미 없는 접촉은 없다. 설령 내가 전도하려던 동료가 회사의 구조조정이나 안 좋은 일로 갑자기 퇴사하여 다시 만나기 힘들다 하더라도 이런 접촉은 그의 가슴과 영혼 속에 남아 있다. 회심한 사람들을 파악해 보면 수많은 접촉을 경험한 사람들이 크리스천이 되기 때문이다. 또한 기회를 만들어 전도 대상자를 교회나 직장 신우회 모임으로 '인도'하면 된다.

이 '인도'가 통상 교회에서 말하는 '전도'이다. 전도 대상자를 데리고 오면 교회 안에 복음을 제시하고 양육하는 과정이 있으니 그렇게 한 영혼을 주님 앞으로 인도할 수 있다. 그리고 마지막으로 복음의 핵심을 전하는 '전도'를 우리가 시도할 수 있다. 복음의 내용을 숙지해서 기회가 있을 때 이야기 형식으로 전해주는 것이다. 복음의 내용이 담긴 전도책자를 활용해도 좋다. 또한 요한복음 3장 16절이나 로마서 6장 23절 말씀은 한 구절에 복음의 핵심이 담겨 있으니 그 말씀을 통해 간단하고 핵심적으로 복음을 전할 수 있다. 한 번만 전하는 것이 아니라 다양한 방법으로 여러 차례 시도하는 것이 좋다.

일터에서 전도하는 것이 효과적인 것은 일터에서는 전도한 사람에게 양육을 시도할 수 있는 여건이 좋기 때문이다. 일주일에 한 번이 아니라 거의 매일 얼굴을 마주 대하기 때문이다. 아마 다니엘도 궁궐에서 어전회의를 하다가 쉬는 시간에 하나님의 율법에 대해서 왕에게 이야기하며 토론하는 시간을 가졌을 것이라고 상상해본다. 우리의 일터도 아무리 바쁘다 해도 점심은 먹어야 한다. 퇴근 후에 시간을 내어 일주일에 한 번 씩 만나는 것도 불가능하지는 않다. 그런 기회들을 활용해서 복음과 성경의 내용을 함께 나누며 양육을 시도할 수 있다.

이렇게 우리 크리스천들이 세상과 일터에서 능력과 정직을 통해 진정한 영향력을 행사할 때 우리의 일터가 달라진다. 직업

세계에서 크리스천인 우리의 이름을 남기는 가장 좋은 방법은 한 사람을 전도하여 그 사람의 영혼과 가슴에 나의 이름을 남기는 것이다. 예수 그리스도를 만나 구원의 감격을 누리는 사람이 자기에게 전도해준 고마운 사람을 평생 어떻게 잊을 수 있겠는가? 그의 가슴과 뇌리에는 자기를 전도한 사람의 이름이 새겨져 있다. 우리의 직장 동료들이나 거래처 사람들의 영혼에 우리의 이름을 남길 수 있다. 그들이 예수님을 영접하도록 도와서 그 사람들의 마음속에 우리의 이름을 남기자.

사도행전에서 스데반의 순교 후, 교인들이 예루살렘에 머물지 못하고 사방으로 흩어졌다. 그것은 온 세상에 복음을 전파하시려는 하나님의 뜻을 알지 못하고 유대인들에게만 복음을 전하는 그리스도인들에게 내려진 하나님의 강경한 조치였다. 그런데 흩어진 성도들은 여전히 유대인들에게만 복음을 전했을 뿐 이방인들에게는 복음을 전하지 않았다. 하지만 어디에선가 복음을 전해 들었을 구브로와 구레네의 몇 사람이 안디옥에 이르러 헬라인에게도 예수 그리스도의 복음을 전했다(행 11:19-21).

그들은 이름도 기록되지 않는 사람들이었다. 하지만 하나님에게 큰 기쁨을 드리고 복음 전파의 역사에 큰 이정표를 남기게 되었다. 이 무명의 사람들이 행한 혁명적인 복음 전파에 하나님이 동행해주셨다. "주의 손이 그들과 함께하시매 수많은 사람들이 믿고 주께 돌아오더라"(행 11:21). 더구나 안디옥에서 이방인들에 대한 전도가 이루어진 것은 앞으로 안디옥교회가 바울을 중심으로 이방 전도를 위한 전초기지의 역할을 한다는 점에서 주목받을 만한 일이었다. 이처럼 우리의 이름을 다른 곳에 남기려고 애쓰기보다 우리의 동료들이 예수님을 믿게 해 그들의 가슴 속에 남기는 것이 중요하다. "아무개, 아무개, 아무개를 살려 낸 멋진 사람 ○○○." 일터 동료들의 영혼에 이름을 남긴 그 사람의 이름은 하나님 나라의 역사에서 영원히 빛날 것이다!

C·H·A·P·T·E·R·7

세상에서 고독하게 싸우는
동행

고독과 고통 속에서 더욱 각별하게 주님과 동행한다
광야 인생길에서 친밀감으로 하나님과 동행하라
악한 세상을 향한 적극적인 증거가 되는 동행 영성

* * * * *

아담의 칠대 손 에녹이 이 사람들에 대하여도 예언하여 이르되 보라. 주께서 그 수만의 거룩한 자와 함께 임하셨나니 이는 뭇 사람을 심판하사 모든 경건하지 않은 자가 경건하지 않게 행한 모든 경건하지 않은 일과 또 경건하지 않은 죄인들이 주를 거슬러 한 모든 완악한 말로 말미암아 그들을 정죄하려 하심이라 하였느니라. 유다서 1:14-15.

라멕은 백팔십이 세에 아들을 낳고 이름을 노아라 하여 이르되 여호와께서 땅을 저주하시므로 수고롭게 일하는 우리를 이 아들이 안위하리라 하였더라. 창세기 5:28-29.

"할아버지, 오늘은 어머니가 과일을 싸주셨어요. 할아버지가 좋아하시는 말린 무화과와 석류도 있어요."

아다라가 과일이 담긴 보따리를 펼치면서 오늘의 이야기 시간이 시작되었다.

"그래, 고맙구나. 그럼 먹으면서 이야기하자꾸나. 오늘은 두 주 전에 잠시 했던 이야기를 하려고 한단다. 기억이 나는지 모르겠구나."

"다음에 하기로 하셨던 혼자 있는 고독한 시간에 대한 이야기지요?"

예상외로 엘닷이 정확히 기억해 내자 에녹이 장하다는 듯 엘닷의 어깨를 두드려주었다.

"잘 기억하는구나. 그때 아마 아다라가 질문을 했던 것 같은데?"

"맞아요, 할아버지. 그날 제가 할아버지께 질문을 했었지요."

"그래 좋다. 오늘 그 이야기를 해볼 텐데, 할아비가 먼저 질문을 하마. 너희는 주로 언제 혼자 있고 싶으냐? 엘닷이 먼저 대답해볼래?"

"예, 할아버지. 저는 화가 났을 때나 고민되는 일이 있을 때는 혼자 있고 싶을 때가 많아요. 어머니나 아버지께 야단맞아 화날 때도 그렇고요."

그러자 아다라가 눈을 동그랗게 뜨고 오빠를 빤히 쳐다보며 말했다.

"나는 어려운 일이 있거나 슬플 때는 여러 사람들과 함께 있고 싶은데."

"그래, 그게 바로 사람들 간의 차이이고, 또한 남자와 여자 간의 차이기도 하단다. 하나도 이상할 것 없는 당연한 일이야. 그건 그렇고 오늘 이 할아비가 너희에게 해주고 싶은 이야기는 이것이다.

사람이 살다보면 고통스러운 때가 있는데 그때 사람들은 보통 혼자라 느끼고, 또 사람들을 떠나 혼자 있으려고 한단다. 그런데 그렇게 혼자 있으면서 하나님을 묵상하며 그분의 뜻을 찾으면 하나님을 더 깊이 만날 수 있는 기회가 될 수도 있지.

하지만 사람들은 보통 혼자 있을 때는 걱정을 더 많이 한단다. 그 문제를 자기 스스로 풀려고 하기 때문이야. 그러나 우리가 혼자서 고통받고 있다고 생각할 때도 하나님은 우리와 함께하시지. 그리고 그 고통을 통해서 우리에게 유익을 주시기 위해 준비를 하신단다."

아다라가 잘 이해되지 않는다는 표정을 지으며 할아버지에게 질문을 했다.

"그럼 어렵고 고통스럽거나 슬플 때는 늘 그렇게 혼자 있어야 하나요?"

"혼자 있기만 하면 된다는 뜻은 아니고 혼자 있으면서 하나님을 만나는 기회를 가지면 좋다는 뜻이란다. 사람들을 떠나서 깊은 숲이나 광야에 혼자 떨어져 있으면 하나님을 생각하는 시간이 더 많아진단다. 그러면 자신의 죄도 깨달을 수 있지. 아무도 없이 하나님과 단둘이서 이야기를 나누니 자기 죄를 고백하기도 더 쉬운 것이지. 옆에 누군가 있으면 변명하고 싶고 죄를 감추고 싶은 것을 너희도 알고 있지?"

"정말 그래요?"

엘닷과 아다라가 동시에 반문했다.

"아담 할아버지가 에덴동산에서 하나님의 명령을 어겼을 때 하나님이 찾아오셔서 선악과를 따먹은 죄를 추궁하셨지 않니? 그때 아담 할아버지가 어떻게 하셨는지 알고 있니? 사실은 이 할아비가 아담 할아버지께서 살아 계실 때 살짝 여쭈어 보았단다."

"뭐라고 하셨는지 너무 궁금해요."

아다라가 할아버지 곁으로 당겨 앉으며 졸라댔다.

"하나님은 아담 할아버지더러 '내가 네게 먹지 말라 명한 그 나무 열매를 네가 먹었느냐?'(창 3:11)라고 질문을 하셨단다. 그런데 아담 할아버지는 그 질문에 '예, 제가 먹었습니다' 라고 하지 않고 이렇게 말씀하셨어. '하나님이 주셔서 나와 함께 있게 하신 여자 그가 그 나무 열매를 내게 주므로 내가 먹었나이다'(창 3:12)".

"아, 하와 할머니는 얼마나 서운하셨을까!"

아다라는 여자라 그런지 하와 할머니의 심정을 더 잘 공감하는 듯했다.

"그래, 만약 그때 아담 할아버지가 하와 할머니 핑계를 대며 변명하는 대신에 '잘못했습니다. 하나님, 저를 용서해주십시오.' 이렇게 철저히 회개했다면 아마 우리 인류의 역사는 달라졌을지도 모른단다. 그때 아담 할아버지가 그러시더구나. 하나님이 죄를 추궁하실 때 옆에 있는 하와 할머니를 보니까 원망스러운 마음도 생기고, 또 남편으로서 창피하기도 해서 그렇게 둘러대셨다고 말이야."

"하와 할머니는 속상하지 않으셨대요?"

역시 아다라가 오빠보다는 세심했다.

"웬걸? 하와 할머니는 그 일이 있고난 다음부터 아담 할아버지에게 두고두고 바가지를 긁었다고 하시더라. 세상에 믿을 만한 남자 하나도 없다고 말이야."

"하하~ 그럼 그때 세상에 남자가 아담 할아버지 말고 누가 있었겠어요! 할아버지, 그런데 이런 재미있는 이야기를 왜 이제 해주세요? 저는 처음 들었어요."

엘닷이 말했다.

"그랬니? 내가 너희 형 오빠들이나 언니 누나들한테는 여러 번

이야기했는데 너희에게는 안했던가 보구나. 어쨌든 이렇게 죄 문제를 소홀히 하면 안 된단다. 혼자서 하나님과 함께 있는 시간에는 자신의 삶을 돌아볼 수 있어야 해. 그래서 하나님의 말씀에 어긋나는 잘못을 저지른 것이 있다면 용서를 구해야 하지. 감추려고 하거나 변명하려고 하지 말고 '제가 잘못했습니다. 용서해주십시오'라고 철저하게 회개해야 하는 것이다. 알겠니?"

"예, 할아버지. 잘 알겠습니다."

"이렇게 우리가 특별히 고독한 시간을 가지며 하나님과 동행하면서 회개하고 힘을 얻어야 하지만 늘 그럴 수는 없단다. 때에 따라 그런 시간을 가져야 하지. 그러나 평소에는 우리가 더 관심을 가져야 할 것이 있단다."

"그게 뭐지요?"

엘닷이 질문했다.

"지금 이 세상은 엄청난 죄의 세력이 뒤덮고 있단다. 세상의 힘을 숭배하고 우상을 하나님이라고 하면서 하나님을 배반한 경건하지 않은 사람들이 많이 있어. 에녹 성 사람들을 중심으로 그 세력이 세상에서 점점 더 큰 힘을 얻어가고 있으니 정말 큰일이다.

이제 에녹 성 사람들만이 아니라 우리 셋 할아버지의 후손들 중에도 세상 사람들의 우상 숭배를 좇아가고 있는 사람들이 많아졌으니 더욱 큰일이다. 안식일에 모이는 우리 친지들의 수효도

점차 줄어들고 있지 않니? 물론 먼 곳으로 이주하는 사람들이 늘어나긴 한다만 사탄이 자기 사람들을 점점 더 많이 만들어가고 세력을 더욱 멀리 넓혀가고 있는 것이야. 이런 때 우리가 하나님과 혼자 있는 시간만을 가지고 거기에 만족하고 있으면 안 된다는 말이다."

"그러면 우리는 어떻게 해야 하나요?"

질문하는 엘닷의 눈빛이 진지했다.

"죄가 세상을 뒤엎고 있는 이때에 우리 하나님의 사람들은 하나님의 증인이 될 의무가 있단다."

"하나님의 증인요?"

이번엔 아다라가 궁금해 했다.

"그래, 우리는 하나님을 믿는 사람으로서 하나님이 이 세상의 주인이심을 증거해야 한단다. 또한 악한 세상 가운데서 경건한 믿음을 유지하는 사람들에게 하나님이 상을 주시는 것도 증거할 수 있어야 하지. 결국 하나님이 죄악된 세상을 심판하신다고 세상 사람들에게 경고할 수 있어야 한다는 뜻이란다."

"하나님이 이 세상을 멸망시키시는 건가요?"

질문을 하는 엘닷보다 아다라의 얼굴 표정에 두려움이 더 많이 묻어 있었다.

"그래, 지금 당장은 아니지만 하나님의 심판이 있을 게다. 이 할아비는 이미 느끼고 있단다. 하나님이 지금은 참으시지만 세상 사람들의 죄가 더욱 심해지면 이 세상을 심판하실 게다. 하나님은 세상 모든 사람의 말과 행동을 낱낱이 살피고 심판하신단다 (유 1:14-15).

그 심판의 날까지 너희가 하나님의 증인으로 설 수 있어야 하는 것이란다. 그렇게 되기 위해서는 혼자만 힘쓰면 되는 것이 아니고 하나님을 섬기는 사람들이 함께 모여 믿음의 공동체를 이룰 수 있어야 하지. 그래야 힘이 생기니 말이다. 할아비가 오늘 한 이야기 알아듣겠느냐?"

"할아버지의 오늘 말씀은 조금 어려운 면이 있었어요. 무섭기도 하고요. 그래도 재미있었고 감사합니다."

엘닷의 말에 아다라도 고개를 끄덕거렸다.

"알고 있다. 오늘 이야기와 다음 주의 이야기는 너희에게는 조금 생소하고 두려운 이야기들이 있을 게다. 그렇지만 잘 들어두어야 할 이야기들이란다.

그리고 다음 주는 너희와 이 할아비가 마지막 이야기 시간을 갖는 날이 되겠구나. 너희와 이야기 나눈 지도 꽤 오래 되었고, 이 할아비에게도 어떤 변화가 있을 것 같구나. 다음 주에 자세히 이야기하마."

"예, 할아버지. 다음 안식일까지 평안하세요."

석양을 등지고 집으로 돌아가는 손자 손녀를 바라보는 에녹의 시선에 안타까움이 묻어 있었다.

고독과 고통 속에서 더욱 각별하게
주님과 동행한다

우리 집 아이들이 어렸던 때의 일이다. 어느 가을 공휴일에 구파발 쪽으로 해서 북한산에 올랐다. 포장된 길은 싫증이 나서 계곡 쪽의 조금 험한 길을 택해 한참을 올라가다 보니 절이 눈에 띄었다. 딸아이가 그 집이 어떤 집이냐고 물어서 알려주었더니 이렇게 되물었다.

"아빠, 절은 왜 이렇게 오기 힘들게 산 속에 있어요?"

"그래, 이렇게 높은 산에 있으니까 찾아오기도 힘들지? 그럼 교회는 어디에 있지?"

"집이랑 가까운 동네에 있지요."

"그러니까 기독교는 세상 속에서 사람들과 함께 있는 종교이고, 불교는 세상과 사람에게는 별 관심이 없는가봐. 그러니 산 속에 절이 있지!"

무슨 말인지 의아해하는 딸에게 산 속에 있는 절에서 승려들이 득도하기 위해 수도를 한다는 이야기며 옛날에는 민가 가까이에 있었는데 부패로 민심을 잃어 산으로 갈 수밖에 없었던 이야기 등 나름대로 불교의 역사를 설명해주었다. 하지만 무엇보다 우리가 '세상 속의 크리스천'이라는 점을 충분히 더 강조해서 불교와 기독교를 비교해주었다. 일곱 살 꼬마에게 너무나 어려운 이야기였지만 어렴풋이 알아듣는 듯했다.

누가복음 5장 16절에 보면 예수님의 고독한 시간을 묘사하고 있다. "예수는 물러가사 한적한 곳에서 기도하시니라." 그런데 예수님이 기도하기 위해 한적한 곳으로 물러가신 때는 나병 환자를 고쳐주신 후 예수님의 소문이 더욱 널리 퍼져서 수많은 사람들이 모여오던 때였다. 사람들은 말씀도 듣고 자기들의 병도 낫기 위해서 몰려왔다(눅 5:12-15). 그런데 예수님은 이때만이 아니라 3년간 사역을 하시면서 번잡할 때면 군중을 피해 한적한 곳으로 떠나 기도하셨다(막 1:35, 눅 4:42).

예수님이 한적한 장소를 확보해 고독한 시간을 가지셨던 이유는 무엇일까? 현대 사회에서 대중의 주목을 받는 유명인이라면 결코 그렇게 하지 않을 행동을 하신 이유가 분명히 있다. 하나님의 아들로서 사람의 삶을 살면서 겪는 온갖 스트레스에서 벗어나 하나님과 교제하기 위함은 아니었을까? 외로움을 통해 더욱 하나님과 동행하게 되는 것 말이다.

그러나 고독 그 자체가 하나님과 동행하게 해주는 것은 아니다. 고독을 통해 하나님과 집중적으로 교제하는 시간을 확보함으로써 사람들 속으로 다시 돌아가기 위해 고독이 필요한 것이다. 고독을 즐기는 태도는 바람직하지 않다.

라틴어로 신구약성경을 번역한 불가타(Vulgata)를 만든 제롬(St. Jerome, 347-420)은 이렇게 말했다. "도시는 감옥이고 고독은 낙원이다." 하긴 그렇게 철저히 고독했기에 라틴어로 성경을 번역하는 방대한 작업을 일생에 걸쳐 해냈을 것이다. 그러나 그의 생각에는 어떤 문제가 있는가? 고독을 강조한 것은 바람직하나 '도시'를 무시한 것이 문제이다. 이런 섣부른 양자택일이 하나님과 동행하는 균형 감각을 잃게 만든다. 게리 토마스의 말대로 고독을 장려하고 도시를 무시하면 우리의 메시지를 가장 필요로 하는 사람들에게 다가갈 수 없기 때문에 문제이다(게리 토마스 지음, 「영성에도 색깔이 있다」, CUP 펴냄, 131쪽). 고독한 시간을 보낸 후 돌아갈 삶의 현장이 없는 고독이 왜 문제인가? 자칫 위험한 고행주의에 빠질 수 있기 때문이다. 자신에게만 유익하고 아무에게도 유익을 끼치지 못하는 고행은 하나님이 기뻐하시지 않는다.

고독한 삶을 선택할 때는 목적이 뚜렷해야 하나님과 동행할 수 있다. 누가복음이 증거하는 예수님의 탄생 기사에는 한 선지자가 등장한다. 결혼한 후 7년 동안 남편과 함께 살다가 과부가 되었고, 84세가 될 때까지 고독한 삶을 살던 안나 선지자이다. 안나는 성전을 떠나지 않고 밤낮으로 금식하며 기도하는 고독한 삶을 살았다. 그러다가 아기 예수님을 만났고, 그런 놀라운 소식을 사람들에게 전했다(눅 2:36-38). 아기 예수님을 만날 것이라는 목적의식이 그녀의 고독을 가치 있고 유용하며 숭고하게 만든 것이다. 그래야 고독을 통해 하나님과 동행하는 특별한 체험을 할 수 있는 기회를 가질 수 있다.

사도 바울도 다메섹으로 가던 길에서 예수님을 만난 후에 아라비아 광야에서 3년의 시간을 보냈다. 바울은 하나님의 부르심을 받고 하나님과 함께 있는 시간을 확보하기 위해 한적한 장소인 광야를 택했을 것이다. 그러나 광야가 바울의 목적지는 아니었다. 가족이나 사도들을 만나 자신의 장래를 의논하기 이전에 하나님과 동행하는 특별한 시간을 갖기 위해 아라비아 광야로 떠났다. 그리고 고독의 기간을 보낸 후에는 다시 다메섹으로 돌아왔다(갈 1:16-17). 바울은 자신을 배척하는 곳이지만 복음으로 점령해야 할 곳으로 다시 돌아왔다.

지금까지 고독의 유익에 대해서만 이야기해 왔으나 고통스러운 고독도 있다. 사람은 고통받을 때 외로움을 많이 느낀다. 아무도 없이 그저 혼자 그 어려움을 감당해내야 한다는 중압감에 신음한다. 그런데 고통받을 때야말로 우리는 혼자가 아니다. 잘 알려진 '모래 위의 발자국 이야기'처럼 고통당하는 그 순간에 예수님은 더욱 밀접하게 우리와 동행하신다. 언제나 우리와 동행하시는 하나님은 우리에게 어려움이 있을 때 더욱 우리와 함께 하신다.

이 사실을 두 손 바짝 들고 체험한 사람이 사도 바울이다. 교회를 박해하며 예수님을 믿는 사람들을 체포하러 가던 사울에게 나타나신 예수님이 이렇게 말씀하셨다. "사울아 사울아 네가 어찌하여 나를 박해하느냐"(행 9:4). 그런데 예수님의 이 말씀의 그리스어 원문을 시제를 살려 읽으면 이렇게 된다. "사울아 사울아 네가 왜 (지금) 나를 박해하고 있느냐"이다. 이 말씀을 듣고 사울은 의아했을 것이다. 사울은 지금 예수님을 그 당시(지금)에만 박해한 것이 아니라 과거부터 지금까지 교회의 교인들을 계속해서 박해해왔다. 예수님을 핍박한 것이 아니라 예수님을 믿는다는 그리스도인들을 핍박했던 것이다.

그러니 예수님의 이 말씀은 성도들이 고통받는 현장에 예수님이 함께하신다는 뜻이 아닌가? 우리 예수님은 그분으로 인해 박해받는 성도들의 고통을 외면하신 적이 없다. 마찬가지로 우리가 고통당하는 자리에도 예수님이 늘 함께 계신다. 따라서 고통스러운 순간에 예수님 없이 혼자 고통을 감당한다고 생각하면 지혜롭지 못한 것이다. 고통스럽고 두려운 때일수록 우리는 더욱더 주님을 의지하고 그분의 손을 붙잡아야 한다.

두렵고 어려운 일이 있을 때 "하나님, 저와 함께 계신 것이죠? 저를 떠나지 않으시지요?"라고 확인하면서 하나님의 확신을 얻어야 두려움 없는 인생을 살 수 있지 않겠는가? 그러면 아마도 이런 하나님의 음성을 들을 수 있을 것이다. "내가 너와 함께하고 있단다. 너와 늘 동행하고 있지. 두려워하지 마라. 놀라지 마라. 내가 너를 붙들어주마"(사 41:10 참조).

또한 고통받을 때 우리와 동행하시는 하나님은 우리가 늙고 외로워질 때도 변함없이 우리와 함께하신다는 사실을 기억해야 한다. "너희가 노년에 이르기까지 내가 그리하겠고 백발이 되기까지 내가 너희를 품을 것이라. 내가 지었은즉 내가 업을 것이요 내가 품고 구하여 내리라"(사 46:4).

우리 크리스천들이 세상에서 생명의 위협을 당하고 살기등등한 분위기 속에서 살더라도 두려워하지 않을 이유가 있지 않은가? 좌절할 수밖에 없는 순간에도 인도하시며 돌보시는 하나님을 의지할 수 있기 때문이다. "내가 사망의 음침한 골짜기로 다닐지라도 해를 두려워하지 않을 것은 주께서 나와 함께하심이라. 주의 지팡이와 막대기가 나를 안위하시나이다"(시 23:4).

광야 인생길에서 친밀감으로
하나님과 동행하라

　　　　　그리스도인들의 세상살이를 흔히 이스라엘 백성들의 광야생활에 비유한다. 광야생활은 약속의 땅 가나안을 향해 가는 필수적인 여정이었지만, 이스라엘 백성들이 가데스 바네아에서 하나님을 원망하고 불신하다가 초래한 징벌의 여정이기도 했다. 그래서 천국을 향해 험난하고 죄 많은 세상길을 걸어가야 하는 우리 크리스천들의 인생길을 묘사하기에 적당하다. 그런데 이스라엘 백성들이 광야 40년의 그 고된 생활을 견딜 수 있었던 힘은 무엇이었을까?

　광야에서 이스라엘 백성들은 아침마다 동일한 일과를 반복했다. 성막 위에 머무르는 구름을 확인하는 일로 하루를 시작했던 것이다. 구름이 떠오르면 그날은 반드시 떠나야만 했다. 성막 위의 구름이 계속 머물러 있으면 그날은 그곳에 머물 수 있었다. 그러나 아침에 구름이 떠오를지 머물러 있을지 예측할 수 있는 사람은 아무도 없었다. 아침에 구름을 따라 이동을 한 날도 저녁에는 언제나 숙박을 위해 멈추어야 했다. 그러니 아침마다 구름의 움직임을 확인하는 일은 40년 내내 날마다 계속 해야 하는 일이었다. 따라서 이스라엘 백성들은 내일 일을 전혀 예측할 수 없는 불안정한 삶을 살아야 했던 것이다(민 9:17-23).

그리고 광야에서는 장례식을 너무 자주 치러야 했다. 가데스 바네아에서 하나님을 원망했던 죄로 20세 이상 된 성인들은 광야생활을 하는 동안 모두 죽는 재앙을 받았기 때문이다. 죽는 사람이 평소보다 훨씬 많았을 것이다. 당시 모세나 형제 아론은 120세 이상을 살았고(민 33:39, 신 34:7), 여호수아도 110세를 살았다(삿 2:8). 하지만 광야생활 당시 이스라엘 백성들의 평균 수명은 7~80세 정도였던 것으로 보인다. 모세는 자신이 쓴 시편 90편에서 이렇게 노래한다. "우리의 연수가 칠십이요 강건하면 팔십이라도 그 연수의 자랑은 수고와 슬픔뿐이요 신속히 가니 우리가 날아가나이다"(시 90:10). 가데스 바네아에서 스무 살을 갓 넘은 사람들은 60세가 되기 전에도 죽었을 것이다. 많은 사람들이 당시 평균 수명의 절반도 못 살고 죽었다.

그러니 광야에서는 평소보다 많은 사람들이 죽어갔다. 사람들이 자연사한 것만도 아니었다. 이스라엘 백성들은 수시로 하나님을 원망하고 죄를 범하다가 하나님의 진노로 떼죽음을 당했다. 어제는 아버지가, 오늘은 삼촌이 죽어갔다. 이렇게 죽음을 자주 겪으면서 이스라엘 사회는 죽음에 대해 무감각해지는 공포가 만연했을 것이다. 마치 전쟁터의 병사들이 죽음에 대해 무감각해지는 증상을 겪는 전쟁공포증을 광야생활을 하던 이스라엘 백성들은 겪었다.

이런 불안하고 힘든 광야생활 중에도 이스라엘 백성들이 살아남아 가나안 땅에 들어갈 수 있었던 이유는 바로 하나님과 동행한다는 '친밀감'(intimacy) 의식 때문이었다. 아침에 구름이 떠올라 언약궤가 성막을 떠날 때와 온종일 광야를 여행한 후 저녁이 되어 언약궤가 멈추어 쉴 때마다 모세가 하나님에게 기도를 드렸다. 그 기도의 내용은 이스라엘과 극도로 친밀한 하나님을 느끼며 확인하는 것이었다.

"궤가 떠날 때에는 모세가 말하되 여호와여 일어나사 주의 대적들을 흩으시고 주를 미워하는 자가 주 앞에서 도망하게 하소서 하였고 궤가 쉴 때에는 말하되 여호와여 이스라엘 종족들에게로 돌아오소서 하였더라"(민 10:35-36).

이것이 격식을 갖춘 공식적인 기도문처럼 보인다. 실제로 모세는 아침과 저녁마다 이런 내용의 기도를 반복했을 것이다. 하지만 이 기도는 이스라엘 백성들이 광야생활을 하면서 하나님과 얼마나 친밀한 관계를 가지고 있었는지 잘 보여준다. 한마디로 하나님을 '아바마마'가 아니라 '아빠'라고 부른 것이다. 날마다 출근하고 퇴근하는 아빠에게 응석을 부리며 인사하는 자식의 친밀함을 보여준다. 이렇게 하나님과 친밀하게 동행하는 삶을 통해 이스라엘 백성들은 거친 광야 길에서도 살아남을 수 있는 힘을 얻을 수 있었다.

하나님은 우리에게도 인생의 '광야'를 허락하여 그곳에서 고독과 고통을 겪게 하신다. 그러나 하나님은 광야에서도 우리와 함께하신다. 그런데 스스로 '광야의 고통'을 느끼지 못할 만한 환경이라면 적극적으로 광야를 만들어 그곳에서 하나님과 동행하는 체험을 해보면 어떻겠는가? 스스로 고통을 감수하기로 결심하는 것이다.

평소에 체질적으로나 혹은 습관이 안 되어서 새벽에 일찍 일어나기가 힘들다면 일찍 일어나는 것을 스스로 감당하는 것을 고통으로 삼아보라. 쉽지 않은 고통을 감당하면서 맞이하는 새벽시간에 하나님이 은혜를 주실 것이다. 일이 너무 바쁘고 마음의 여유가 없어서 봉사활동을 하기가 쉽지 않았다면 그것을 통해 광야를 경험해보자. 귀한 시간을 낸 고통스러운 그 기회에 하나님이 복을 주실 것이다. 기꺼이 고통을 감내하면 고독의 훈련을 통한 유익을 얻을 수 있다.

이처럼 고독한 시간을 내어 적극적으로 하나님과 동행하는 광야의 훈련이 꼭 필요한데, 특히 죄의 유혹을 이기기 위해 혼자 있는 훈련이 필요하다. 물론 혼자 있어서 아무도 보는 사람이 없는 시간은 죄악의 통로가 될 수 있다. 그런 위험성을 극복하고 아무도 보는 사람들이 없을 때 거룩할 수 있는 사람이 하나님과 동행하는 사람이다.

그래서 더욱 죄의 유혹을 이기기 위한 고독의 훈련이 필요하다. 요셉이 그랬다. 요셉은 보디발의 집에서 가정총무로 일할 때 주인의 아내가 집요하게 동침하자고 유혹했다. 그러나 요셉은 그런 주인 아내의 말을 듣지 않으려고 노력했을 뿐만 아니라 함께 있지도 않았다. 하나님 앞에서나 주인 앞에서 큰 죄를 저지르지 않기 위해 죄를 지을 수 있는 상대방과 아예 동행하지 않았다(창 39:7-10). 성적 유혹은 도망가는 것이 가장 좋은 대처법이라는 한 교부의 가르침을 요셉은 훨씬 오래 전에 이미 터득하고 있었다.

이렇게 요셉이 주인 아내의 집요한 유혹을 물리칠 수 있었던 요인은 유혹하는 자와는 동행하지 않았지만 홀로 있을 때 하나님과 동행하며 자신의 유혹을 다시 한 번 확인하고 하나님의 말씀을 통해 힘을 얻었기 때문이다. "나의 생명이 항상 위기에 있사오나 나는 주의 법을 잊지 아니하나이다"(시 119:109). 우리에게도 이렇게 스스로 택하는 고독의 훈련이 필요하다.

악한 세상을 향한 적극적인
증거가 되는 동행 영성

기독교의 정경에는 포함되지 않은 위경(僞經)에

있는 〈지혜서〉(The Wisdom of Solomon)에서는 하나님께서 에녹을 데려가신 이유를 다음과 같이 설명하고 있다. "하느님께서는 그가 악에 물들어서 바른 이성을 잃지 않도록 또 그의 영혼이 간교에 넘어가지 않도록 그를 데려 가신 것이다"(지혜서 4:11, 공동번역). 이것은 에녹이 하나님과 동행한 영성을 지나치게 수동적으로 본 일종의 '해석'이다. 그러나 나는 그렇지 않다고 생각한다. 에녹은 세상에 대해 적극적인 선지자적 자세로 살았음이 분명하다. 유다서 1장 14~15절이 그것을 말해준다.

"아담의 칠대 손 에녹이 이 사람들에 대하여도 예언하여 이르되 보라, 주께서 그 수만의 거룩한 자와 함께 임하셨나니 이는 뭇 사람을 심판하사 모든 경건하지 않은 자가 경건하지 않게 행한 모든 경건하지 않은 일과 또 경건하지 않은 죄인들이 주를 거슬러 한 모든 완악한 말로 말미암아 그들을 정죄하려 하심이라 하였느니라."

유다서 기자는 여기서 에녹을 선지자로 보고 있는 위경 〈에녹(제1)서〉 1장 9절의 내용을 인용하고 있다. 이 말씀이 어떤 뜻인지 살펴보자. 에녹이 사람들에 대해 예언했다고 한 유다서 기자의 기록은 한 장으로 된 짧은 유다서의 주된 내용인 '거짓 교사들에 대한 심판'과 연관되어 있다. 교회 안에 슬그머니 들어온 거짓 교사들은 하나님의 은혜를 공공연한 부도덕으로 바꿔 가르치고, 예수 그리스도의 신성을 부인했다(유 1:4). 유다서 기자는 악한 천사들이나 소돔과 고모라 사람들, 가인, 발람, 고라 등 구약에 등장하는 악명 높은 죄인들을 예로 들어가면서 거짓 교사들은 심판받아야 할 자들이라고 강조하고 있다.

그 이후에 에녹의 이야기가 등장한다. 유다는 거짓 교사들은 심판받아 마땅하다고 말한다. 하나님이 심판자의 권위로 세상에 임재하시고 모든 사람을 심판하시는 데 경건하지 않은 자의 행동과 말, 즉 그들의 총체적인 부도덕을 심판하신다는 것이다.

유다서 기자가 언급하는 상황(유 1:3-13)이 에녹시대와 비슷하지 않은가? 에녹과 손자 손녀의 대화 부분에서 꽤 길게 묘사한 대로 에녹도 가인의 길을 걷는 사람들의 경건하지 않은 행동과 말로 인해 고통받았을 것이다(창 4:16-24). 세속적인 사람들이 주도하는 경건하지 못한 풍조는 하나님과 동행하는 에녹에게도 충분히 심각한 방해 요인이 되었을 것이 분명하다. 그래서 에녹은 경건하지 못한 그들을 향해 하나님의 심정으로 심판을 예언했던 것이다. 에녹은 아마도 이런 예언을 통해 적극적으로 세상에 경고했을 것으로 보인다. 그가 하나님과 온전히 동행했다면 지금까지 여러 차례 강조한대로 그 동행은 온실 속이나 유리관 속의 동행이 아니었을 것이기 때문이다. 에녹은 곧 심판받을 사악한 세상 속에서 하나님과 동행한 사람이었다.

에녹이 심판을 예언한 것은 일차적으로 그의 증손자인 노아 시대에 임할 하나님의 심판을 예언한 것이다. 에녹의 손자 라멕이 아들을 낳고 그 이름을 '위로' 라는 뜻의 노아라고 지었다. 그리고 말했다. "여호와께서 땅을 저주하시므로 수고롭게 일하는 우리를 이 아들이 안위하리라"(창 5:29).

노아는 하나님이 홍수로 세상을 심판하실 때 방주를 짓고 가족과 동물들을 데리고 들어가 하나님이 창조하신 세계를 보존했고, 새로 역사를 시작하는 사람들이나 동물들에게 참된 위로를 주었다. 그때 모든 경건하지 못한 자는 심판을 받아 남김없이 죽었다. 에녹은 자신이 승천한 후 670여년 후에 인류에게 임할 홍수 심판을 직접적으로 예언한 것이다.

마찬가지로 이 예언이 궁극적으로 전망하는, 그리스도의 재림으로 인한 심판의 때에도 하나님을 무시하고 세상에서 온갖 악을 행하던 죄인들은 심판을 받아 멸망할 것이다. 그러나 그 심판의 날에 성도들은 참된 위로와 구원을 얻을 것이다. 이런 예언이 루터가 말한 대로 당대에 하나님을 거부하는 무신론자들에 대한 적극적인 증거라고 할 수 있다. 다시 말해 에녹은 당시에 사탄의 무리와 가인 계열의 무리에 대항해서 하나님과 하나님을 섬기는 공동체를 입증하고 변호한 것이다. 그리고 그는 그들과의 차별성을 제시하는 대담한 증거를 가지고 있었다. 그 증거는 바로 에녹이 하나님과 동행하는 모습이었다.

이처럼 에녹은 구약시대 선지자들의 예언이 보여주었던 기능을 그대로 보여주는 것을 통해서도 선지자의 역할을 했다. 이런 선지자의 기능이야말로 오늘 우리가 이 악한 세상에서 하나님과 동행하기 위해 반드시 유념해야 할 사명이다. 하나님과 동행하는 사람들은 악한 세상에서 반드시 하나님의 선지자 역할을 감당해야 한다.

악한 세상을 향한 적극적인 증거의 삶을 살아서 하나님과 동행하기 위해서는 말씀으로 무장해야 한다. 이것을 '크리스천 깡'이라고 표현할 수 있다. 세상에서 우리를 유혹하는 사탄의 세력에 맞서기 위해서는 우리가 말씀으로 무장하여 힘을 얻고, 또한 서로를 격려하여 공동체의 힘을 키워야 한다.

앞에서 살펴본 대로 보디발 아내의 집요한 유혹을 거절하면서 겉옷을 팽개치고 도망갈지언정 양심은 팽개치지 않았던 요셉의 용기는 어디에서 나왔겠는가? 요셉이 어린 시절부터 아버지 야곱에게서 들은 말씀 교육의 영향이었다. 또한 요셉이 밧단아람에서 가족들과 함께 돌아와 만난 이삭 할아버지에게 창세기 1장부터 38장에 나오는 이야기를 반복해서 들었을 것이다. 할아버지 이삭이 아내를 누이라고 하여 아비멜렉을 곤경에 빠뜨리고 한 가정의 순결을 빼앗길 뻔한 이야기나 증조할아버지 아브라함은 그런 일을 두 번씩이나 저질렀다는 이야기를 들으면서 요셉은 한 가정의 부부가 지켜야 할 순결이 얼마나 중요한지 뼈저리게 느꼈을 것이다. 요셉은 자신이 귀담아 들었던 말씀대로 하나님 중심으로 행동했다.

어떤 다른 힘이 우리가 세상에서 겪는 유혹을 이길 힘을 주겠는가? "청년이 무엇으로 그의 행실을 깨끗하게 하리이까. 주의 말씀만 지킬 따름이니이다. 내가 주께 범죄하지 아니하려 하여 주의 말씀을 내 마음에 두었나이다"(시 119:9,11).

말씀만이 요셉이 유혹을 이겨낼 수 있는 힘을 주었다. 감옥에 오래 갇혀 있어서 발이 차꼬에 상하고 영혼이 방황하는 고통을 겪으면서도 결국 요셉은 모든 고독한 훈련을 감당했다. 요셉처럼 고독한 동행을 통해 인생에서 승리하기 위해서는 우리도 말씀을 붙들어야 한다. "그의 발은 차꼬를 차고 그의 몸은 쇠사슬에 매였으니 곧 여호와의 말씀이 응할 때까지라. 그의 말씀이 그를 단련하였도다"(시 105:18-19).

C·H·A·P·T·E·R·8

종말의 때까지 대(代)를 잇는
동행

'직업'의 세습은 Yes! '직장'의 세습은 No!
혼자서 다 하려 하지 말고 자식들에게 계속하게 하라
후계자가 있으면 죽어도 된다. 후계자 훈련에 집중하라
장차 임할 하나님의 나라를 준비하는 동행

* * * * *

에녹이 하나님과 동행하더니 하나님이 그를 데려가시므로 세상에 있지 아니하였더라. 창세기 5:24.

아담은 백삼십 세에 자기의 모양 곧 자기의 형상과 같은 아들을 낳아 이름을 셋이라 하였고 아담은 셋을 낳은 후 팔백 년을 지내며 자녀들을 낳았으며 그는 구백삼십 세를 살고 죽었더라. 창세기 5:3-5.

야렛은 백육십이 세에 에녹을 낳았고… 그는 구백육십이 세를 살고 죽었더라. 에녹은 육십오 세에 므두셀라를 낳았고… 그는 삼백육십오 세를 살았더라. …므두셀라는 백팔십칠 세에 라멕을 낳았고… 그는 구백육십구 세를 살고 죽었더라. 라멕은 백팔십이 세에 아들을 낳고 이름을 노아라 하여…. 그는 칠백칠십칠 세를 살고 죽었더라. 노아는 오백 세 된 후에 셈과 함과 야벳을 낳았더라. 창세기 5:18-32.

"할아버지, 지난 안식일에 오늘이 할아버지와 만나는 마지막 시간이라고 하셔서 한 주간 내내 걱정을 했어요. 이제 저희하고는 안식일에 만나지 않으신다는 뜻이지요? 또 다른 손자들과 이야기하시는 거지요?"

아다라는 에녹 할아버지와 만나는 마지막 시간이 무척이나 아쉬운 모양이었다. 엘닷의 마음도 마찬가지였다.

"다음에는 누구와 말씀하세요? 가디와 갈랄, 마대도 이 시간을 기대하고 있는데 할아버지가 아무 말씀 없으셨다고 걱정하고 있던데요."

"그래, 오늘 너희와 마지막 시간을 보낸다고 했지. 오늘은 이 할아비 자신에 대해서 이야기를 좀 해야겠다. 이 할아비에게는 곧 어떤 큰 변화가 있을 것이란다. 한 달 전에는 원로 할아버지들께도 말씀을 드렸다만 나의 변화란 아담 할아버지와 같은 죽음은 아닐 것이야. 그러나 죽음과 같이 더 이상 나를 만나지 못하는 것이기 하단다."

죽음이라는 말에 놀란 아다라가 급하고 큰 목소리로 소리치듯이 질문했다.

"할아버지는 아직 돌아가실 때가 안 되셨어요. 아직 400세도 안 되셨는데요? 할아버지보다 두 배 이상 연세 드신 할아버지, 할머니들도 아직 많이 살아계시잖아요?"

"그래서 말하지 않았니? 죽음은 아니라고. 그러나 이 세상에서 다시는 너희를 볼 수 없을 게다."

뭔가 이해가 될듯하면서도 어렵고 두려운 내용이라 아이들은 숨도 제대로 쉬지 못할 지경이었다. 아이들의 얼굴에서 불안한 그림자가 떠나지 않았다. 그러나 에녹은 할 이야기는 해야겠다는 듯이 입을 열었다.

"사람들은 아담 할아버지가 세상을 떠나신 것을 통해서 죽음에 대해 알게 되었단다. 그런데 사람이 죽으면 그냥 끝나는 것이 아니란다. 이 할아비가 겪을 색다른 경험을 통해서 사람들은 죽음 이후의 세계에 대해 더욱 많은 기대를 하게 될 거야. 아직 너희도 죽음 이후의 세계에 대해서 잘 모르지 않니?"

아다라가 오빠 엘닷보다 더욱 걱정스럽다는 표정이었다.

"잘 모르지만 죽는다는 건 무서워요."

"우리가 여러 차례 이야기한 대로 아담 할아버지가 에덴동산에서 지은 죄로 인해 저주를 받으셨단다. 그래서 하나님의 말씀대로 돌아가셨지. 그러나 돌아가신 것이 아니란다."

이번엔 엘닷이 어리둥절한 표정으로 질문했다.

"예? 돌아가신 아담 할아버지가 안 돌아가셨다는 말씀이세요?"

"잘 들어보아라. 아담 할아버지는 하나님의 형상대로 창조되셨고, 930년간 사시다가 그분의 육신이 흙으로 돌아가셨단다. 하지만 돌아가시기 전에 이미 할아버지의 형상과 같은 아들을 낳으셨지. 그 아들이 누구시지?"

둘이 합창하듯 대답했다.

"셋 할아버지요."

"그렇지. 셋 할아버지는 지금 연세가 많으시지만 아담 할아버지를 닮아 이 땅에 태어나신 영적 아들이란다. 또 셋 할아버지는 에노스 할아버지를 낳지 않으셨니? 그렇게 사람들은 자기 형상대로 자식을 낳아 대를 잇기 때문에 죽어도 죽는 것이 아니란 말이다. 이 할아비가 하는 말 알아듣겠니?"

엘닷이 진지하게 질문했다.

"그래도 할아버지는 지금 365세이신데 할아버지 말씀대로 이 세상에 더 이상 계시지 않으면 너무 일생이 짧은 것 아니에요?"

"하하~ 내 일생이 짧다고? 그래, 짧다면 짧다고 볼 수 있지. 지금 이 할아비의 나이는 셋 할아버지의 절반에도 미치지 못하는 나이니까 그렇게 생각할 법도 하구나. 그런데 길고 짧은 생애란 없단다. 다른 사람과 비교하니 짧아 보이는 것뿐이지, 한 사람에게 있어서 너무 긴 생애라는 것은 없고 너무 짧은 생애라는 것도 없어. 그 사람에게 적당하게 하나님이 허락하신 생애가 있을 뿐이지. 그러니 인생에 대해서 너무 조급해 하지 말고 주어진 시간에 최선을 다하는 것이 가장 바람직한 삶의 자세란다.

왜 이 할아비의 생애가 짧지 않은가 하면 내가 하지 못한 일들을 너희 아버지인 므두셀라가 할 것이기 때문이야. 그리고 그 다음에는 라멕과 너희가 또 할 것이고, 너희의 후손들이 또 계속해서 대를 이어 일하게 될 것이기 때문이야."

에녹 할아버지와 이야기 나누는 마지막 시간이라는 아쉬움 때문인지 오늘따라 남매의 집중력이 대단했다. 둘이 약속이나 한 듯이 목소리를 맞추어 질문했다.

"우리가 어떤 일을 하게 되지요?"

"질문 잘했다. 바로 그 일이 오늘 우리가 나눌 이야기의 핵심이기도 하단다. 마지막 시간이라 하는 이야기다만 그동안 너희가 이 할아비의 이야기를 들으면서 적절하게 질문을 참 잘해주어서 고맙구나. 질문을 잘한다는 것은 이야기를 잘 듣고 있다는 것이고, 이야기를 잘 소화하고 있다는 증거이지. 앞으로도 그런 자세를 잃지 않도록 해야 해.

그 일은 바로 우리 인류의 사명이기도 한데, 한마디로 말하면 사탄과 싸우는 일이란다. 아담 할아버지가 에덴동산에서 죄를 범했을 때 하나님은 하와 할머니에게 이런 예언을 하셨단다. 전에도 이야기한 적이 있지. 기억이 나는지 모르겠구나."

"아, 뱀의 후손과 여자의 후손이 서로 싸우는 것이죠?"

엘닷이 밝은 목소리로 대답했다.

"그래, 뱀이 여자의 후손의 발꿈치를 상하게 하고, 여자의 후손은 뱀의 머리를 상하게 한다는 것이다. 발꿈치를 상하는 것은 별 것 아닌 상처이지만 머리를 상하게 하는 것은 치명상을 입혀 죽인다는 뜻이지 않니?

그러니 우리의 사명이 무엇인가 하면 사탄의 머리를 깨부수는 일이란다. 에녹 성 사람들을 중심으로 점점 더 악해지는 세상 가운데 너희는 이런 사명감을 가져야 한단다. 믿음의 동지들을 모아서 사탄의 세력을 대항해 끝내 승리해야 해.

하나님이 약속하신 대로 여인의 후손이 우리 집안인 셋 할아버지의 계보를 통해서 태어날 것이고, 뒷날에 그분이 사탄의 세력을 완전히 제압하실 것이야. 그러니 너희도 그런 사명을 분명하게 인식하고 있어야 한단다. 그런 사명을 후손들에게 잘 전해야 하는 것은 물론이고. 알아듣겠느냐?"

"네, 명심할게요."

둘의 합창하는 듯한 목소리에는 결연하면서도 에녹 할아버지와 헤어져야 한다는 슬픔이 그늘져 있었다.

"너희가 나와 헤어지면 당장 슬픔을 이기기 힘들지도 모르겠구나. 그러나 너희는 이 할아비보다 훨씬 오래 살게 될 게다. 오래 사는 것은 짐이 아니라 하나님의 복이야. 하나님이 인류의 역사를 시작하신 이래로 빠른 시간 내에 땅에 충만하도록 하기 위해 주신 은혜란다. 그러니 나이가 들어가며 질병이 있고 어려움이 있더라도 이 땅에서 살아 있는 것 자체가 하나님의 복을 받는 것이지. 그 복된 삶을 누리면서 저 세상을 기다릴 수 있어야 한단다.

이 할아비는 이 세상에는 없을 것이지만 저 세상에는 여전이 있을 것이란다. 여기에 있으나 저기에 있으나 너희와 함께 있는 것이니 너무 슬퍼할 것 없단다. 그곳에는 아담 할아버지와 하와 할머니도 계실 것이고, 일찌감치 이 세상을 떠나신 아벨 할아버지도 계실거야. 그리고 먼저 돌아가신 많은 할아버지, 할머니들과 함께 지내게 될 거란다."

여전히 할아버지와 함께할 수 있다는 말에 얼굴에 생기가 돌기 시작한 아다라가 또 질문을 했다.

"할아버지, 그럼 할아버지가 가시는 저 세상, 하늘나라가 어떤 모습인지 좀 설명해주세요."

"그건 이 할아비도 잘 모르지. 아직 안 가봤으니까. 그러나 분명한 것은 그곳에 간 사람들은 늘 하나님과 동행한다는 사실이다. 그곳은 하나님이 사람들과 함께 사시는 곳이란다. 그리고 그곳에는 더 이상 죽음이 없고 고통도 없고 슬픔도 없단다(계 21:3-4). 자, 그러면 하늘나라는 너희가 이미 알고 있는 어떤 곳과 비슷하지 않니?"

남매가 또 합창을 하듯 경쾌하게 외쳤다.

"에덴동산이지요!"

"그래, 맞았다. 하늘나라는 아담 할아버지가 처음에 사셨던 에덴동산과 비슷하다고 생각하면 된단다. 이 할아비도 가봐서 아는 게 아니라 듣고 생각해서 안단다. 그곳에 들어가는 사람들은 영원한 삶을 누리게 될 거야. 아담 할아버지가 사셨던 930년은 비교가 되지 않을 정도로 오랜 시간 동안 생명을 누리게 될 게다.

이 할아비는 아담 할아버지가 선악과를 따 잡수신 후 접근이 금지되었던 생명나무 열매가 하늘나라에서 풍성하게 맺힐 것이라고 기대한단다(계 22:1-2). 하나님이 에덴동산에서 아담 할아버지와 하와 할머니를 쫓아내시지 않았니? 그때 우리 할아버지, 할머니가 생명나무 열매를 따먹을까봐 하나님이 에덴동산 둘레에 두루 도는 불 칼과 천사들을 두어 접근을 막으셨다고 한 것 기억나니?"(창 3:22,24).

"네, 기억나요."

아다라가 대답하자 엘닷도 전에 할아버지에게 들은 이야기를 기억해냈다.

"하나님이 에덴동산의 동쪽에 그룹 천사들을 배치해 놓으셨다고 말씀하셨어요."

"맞다. 엘닷이 잘 기억하고 있구나. 그럼 이제 좀 정리를 해보자. 하나님의 사람들은 살아 있을 때도 하나님과 동행하는 남다른 삶을 사는 사람들이란다. 지금까지 너희와 나눈 이야기가 바로 그 내용이었지. 그리고 하나님의 사람은 죽을 때도 남다른 모습을 보인단다.

이 할아비도 아직은 어떤 변화일지 확실히 알 수는 없다만 아마 그 모습이 세상 모든 사람에게 충격이 되고 증거가 될 거라고 생각한단다. 긴 생애를 사는 이 땅의 많은 사람들에게도 충분한 교훈이 되겠지. 오랜 세월 동안 살아가다 보니 사람들은 저 세상이 있는 것과 그 세상에 꼭 가야 할 것을 생각하지 못하는 경우가 많았는데, 이제 그런 생각을 할 수 있는 계기가 될 게야.

너희가 아직 어리지만 이 세상에서 하나님과 동행하는 멋진 삶을 살다가 장차 세상을 떠날 때도 뭔가 남다르게 갈 수 있어야 한단다. 이 세상을 살면서 하나님을 기쁘시게 한다는 증거를 받고 세상을 떠나는 사람은 참으로 행복한 사람이란다(히 11:5).

그동안 2년 동안이나 매주 참석해서 이 할아비의 이야기를 들어준 것 정말 고맙구나. 너희 덕분에 이 할아비의 지나온 생애도 잘 정리할 수 있었단다."

또 마지막이라는 말이 나오자 아다라가 서운한 빛을 감추지 못하고 눈물까지 글썽이며 할아버지 품에 안겼다.

"할아버지, 그렇다고 당장 떠나시는 건 아니죠? 금방 가지는 마세요. 좀 더 오래 계시는 거지요? 저희 하고도 더 오래 함께 있어 주셔야지요."

에녹은 엘닷과 아다라를 양팔로 끌어안고 하나님에게 기도를 올렸다.

"하나님, 참 감사합니다. 첫 사람 아담의 7대 손인 제게 이렇게 귀한 손자 손녀들을 허락해주시고 함께 이야기를 나누면서 하나님과 동행하는 삶의 모습을 배우게 하심을 감사합니다. 제가 생각하기에는 이 땅에서 아직 할 일도 있고 미련이 없는 것도 아니지만 하나님이 제게 가지고 계신 뜻을 따르기로 결심했습니다.

저는 하나님께 가더라도 이 아이들을 통해 하나님의 뜻을 온전히 이루어주옵소서. 이 아이들이 세상 속에서 하나님과 동행하며 사는 법을 배우면서 멋지게 성장하게 해주옵소서. 저는 주님 곁으로 갑니다만 저의 뒤를 이어 하나님이 주신 사명을 감당하는 후손들에게 하나님이 복 주옵소서. 그들이 세상을 담대히 이길 수 있도록 친히 동행하시고 인도해주옵소서."

엘닷과 아다라 남매와 아쉬운 마지막 수업을 마친 에녹은 안식일을 다섯 번 더 보냈다. 그 기간 동안 에녹은 아들 므두셀라, 손자 라멕, 그리고 아버지 야렛과 그의 선조 할아버지들과 시간을 보내면서 많은 이야기를 나누었다. 에녹이 지상 생애의 마지막 안식일을 보낸 후 제4일에 그의 6대조이자 최고령인 셋과 그의 모든 후손이 지켜보는 가운데 하나님이 에녹을 데려가셨다. 그들 모두에게 처음 있는 일인 동시에 매우 인상적이었던 에녹의 승천은 많은 사람들에게 깊은 감명을 주었고, 에녹의 승천사건은 그들의 마음속에 오래 남아 있었다.

  그러나 세상은 점점 더 악해져 갔고, 셋의 후손들 중에도 가인의 후손들의 영향을 받아 하나님을 섬기는 신앙을 포기하는 사람들이 늘어갔다. 셋 계열의 의로운 사람들은 에녹이 예언한 경건하지 못한 자들에 대한 심판이 임박했음을 느낄 수 있었다.

  에녹의 승천 후 70년이 지났을 무렵 에녹의 손자 라멕의 뒤를 이을 아들 노아가 태어났다. 사람들은 노아가 성장해가면서 다시 한 번 하나님과 동행하던 에녹의 모습을 볼 수 있었다(창 6:9).

  그러나 이미 노아의 영성은 악한 세상 속으로 더 이상 파급되지 못했고, 결국 세상을 뒤엎을 하나님의 심판이 점점 다가오고 있었다. 그리고 마침내 에녹의 예언이 이루어져 온 세상을 뒤엎는 홍수의 심판이 있고 난 후 인류는 노아로부터 새로운 발걸음을 때는 재창조의 역사를 시작해야 했다.

'직업'의 세습은 Yes!
'직장'의 세습은 No!

요즘에 한국 교회가 세상 사람들로부터 비난받는 여러 가지 이유 중 하나가 교회의 세습 문제이다. 여러 교단에서 세습 방지를 위한 법을 만들어도 교묘하게 피해가거나 아예 노골적으로 강행해서 세상 여론의 뭇매를 맞기도 한다. 기업들이야 예전부터 그러려니 했어도 교회에서 목회자들마저 못된 주인의식을 가지고 권력과 부를 대물림하니 세상 사람들의 지탄을 받는 것이다. 아무도 가려고 하지 않는 농촌의 작은 교회를 목회하던 아버지를 뒤이어 아들 목사가 그 교회에서 목회한다면 누가 말리겠는가? 돈과 힘이 있는 이른 바 대형교회의 담임목사직을 대물림하려고 하는 것이 문제이다. 이렇게 기독교계뿐만 아니라 사회에서도 뜨거운 감자인 세습 문제를 보면서 나는 이렇게 정리한다. "'직업'의 세습은 참으로 귀하다. 그러나 '직장'의 세습은 탐욕이다."

아버지의 평생 직업을 지켜보며 자란 자식이 아버지의 직업을 물려받아 그 일을 하며 평생을 산다는 것은 얼마나 귀하고 복된 일인가? 아버지가 직업적인 감화를 자식에게 끼쳤다는 뜻이니 얼마나 아름다운 일인가? 회사를 설립해서 숱한 어려움을 겪으며 기업을 경영하는 아버지를 보고 자란 아들이 역시 기업 경영을 통해 직원들을 돌보고 사회와 국가에 기여하는 것은 얼마나 멋진가? 그리 윤택하지도 못하고 늘 영적인 부담감 속에 살아가는 목사 아버지의 모습을 보면서 자식이 목사가 되어 하나님의 나라를 확장해나가는 목회를 하겠다고 결심하는 것은 바람직한 일이 틀림없다.

직업의 세습은 아니지만 나의 아들과 관련해서 재미있는 경험을 했다. 이제는 제대한 나의 아들은 좀 특이한 군대에서 근무했다. 주한 미군의 한국군지원단의 사병으로 가게 되었다. 일명 '카투사'이다. 육군 기본 훈련을 받은 후 카투사 훈련소에 입소해 훈련을 받았는데, 어느 날 아들에게 전화가 왔다. 군종병을 모집한다고 해서 지원해서 면접을 봤다고 했다. 어떤 내용의 질문을 받았는지 물었더니 아들은 신상에 관한 질문들이 있었고, 가장 중요한 질문은 "왜 군종병이 되려고 하는가?"라는 것이었다고 했다.

아들이 어떻게 대답했는지 궁금했다. 아들은 군종병에 대한 별다른 지식도 없어서 이렇게 대답했다고 말했다. "아버지가 한국군에서 군종사병으로 복무하셨는데, 제가 군종병에 대해서 잘 모르긴 하지만 아버지가 하신 일을 저도 해보고 싶은 마음이 들어서 군종병으로 지원했습니다." 사실 나는 31년 전에 신학대학을 졸업한 후 기술행정병으로 군종사병에 지원해서 입대했다. 그런데 아들은 신학대학에 다니지도 않았다. 그러면서도 아버지가 했던 일이기에 군종병에 지원했다고 대답했다니 합격하기는 힘들겠다고 생각했다. 나는 '복음의 열정과 영혼 사랑'과 같은 사명과 연관된 대답을 했어야 정답이 아니었을까 생각했다.

그런데 며칠 뒤 아들이 군종병에 합격했다는 소식을 전해왔고, 오산에 있는 한 부대에 배치받아 잘 복무하고 제대했다. 나중에 이 이야기를 주변 사람들에게 했더니 미국 문화를 경험한 두 사람이 나에게 동일하게 이야기해주었다. 아버지의 일을 자녀가 대를 이어 하는 것은 미국인들이 중요하게 여기는 '유산'의 가치를 담고 있는 것이다. 나의 아들이 말한 답변이 허술하거나 무의미한 답변이 아니었다는 이야기였다. 내가 미국 문화를 잘 몰랐던 것이다. 아마도 아들의 답변이 미군 면접관들을 충분히 설득했을 것이라고 그 사람들이 말해주었다. '유산'의 중요성과 대를 잇는 '직업'의 세습에 대해서 아들을 통해 실감나게 공부한 기회였다.

부모의 직업을 자식이 따라 하는 것은 이렇게도 부러워할 만한 일이고 아름답기조차 하다. 적어도 내게는 그렇다. 그러나

'직장'을 세습하는 것이 문제이다. 세습 문제를 이렇게 정리하는 것도 꽤 의미 있고 명쾌하지 않은가? 직업의 세습과 달리 직장을 세습하는 것은 너무나 위험하다. 본인들은 그렇지 않다고 우겨도 직장을 세습하는 것은 욕심일 가능성이 크다. 적법한 절차를 밟아서 아무 문제없이 직장 세습을 했다 해도 그것은 문제가 될 수 있다. 그 일터를 자기의 소유로 여기는 파렴치한 생각이기도 하다. 부모가 재산을 자식에게 물려주며 세습하는 것은 당연할 수 있지만 자신만의 소유가 아닌 공유하는 공적 재산을 법을 어기거나 속임수로 세습하는 것은 문제가 많다. 모든 세습이 다 그렇다고 강변할 수는 없지만 그런 세습은 잘못된 주인 의식에 근거한 탐욕이다.

하긴 자식에게 세습하지 않아도 자기가 마음대로 주무를 수 있는 고만고만한 사람에게 자리를 넘겨주고 계속해서 영향력을 행사하려는 '상왕(上王) 의식'도 세습만큼이나 못된 것이다. 그것은 또 다른 권력의 욕망이고 편법 세습이다. 여하튼 아름다운 '직업'의 세습이 아닌 탐욕적인 '직장'의 세습은 막아야 한다.

아름다운 영화 〈8월의 크리스마스〉(1998, 허진호 감독)를 보면 한석규와 심은하, 두 남녀의 풋풋하고 아련한 사랑이 가슴 속을 파고든다. 그런데 나는 직업이 직업인만큼 '직업과 직장의 세습'이라는 관점으로 이 영화를 보았다.

영화 속의 남자주인공 정원은 사진사인데 젊은 나이에 불치병에 걸린다. 자신의 죽음도 슬프지만 자기가 죽고 나면 어머니도 안 계신 집에서 아버지가 혼자 사셔야 하니 큰 걱정이었다. 그래서 정원은 아버지에게 사진관 운영하는 일을 가르쳐드려 자신이 죽은 후에도 생계를 유지할 수 있게 하려고 한다. 그래서 사진은 어떻게 찍고 현상기는 어떻게 다루며 인화는 어떻게 하는지 사진관 운영에 관한 상세한 내용을 비디오테이프에 녹화한다.

그런데 아버지는 VTR을 켜는 리모콘을 작동시키는 방법조차 익히지 못한다. 말하고 또 말해도 아버지가 못 알아듣자 정원은 화를 벌컥 내고 이불 속에서 참았던 울음을 터뜨린다. 결국 정원은 VTR 작동법을 상세하게 적어 놓고 자신의 영정 사진을 스스로 찍어 준비해놓은 후 세상을 떠난다.

이 눈물 나는 과정이 바로 직업의 '역(逆)세습'이다. 아들의 직업을 아버지가 이어가는, 눈물 나는 '거꾸로 세습'이다. 그리고 이것은 직장의 역세습이기도 하다. 영화 마지막 장면에서 눈이 많이 온 어느 날 아버지는 사진관 출입문 문고리에 안내 팻말(아마 '출장 중'이라고 적힌)을 건 다음, 스쿠터에 사진 장비를 싣고 어디론가 간다. 출장 사진을 찍으러 가는 것이었다. 직업의 역세습과 직장의 역세습이 잘 이루어진 것을 보여주는 장면이다.

이런 직업의 역세습과 직장의 역세습은 얼마나 아름답고 눈물 나는가? 눈물이 나면서도 가슴이 푸근해진다. 만약 세습을 하더라도 이런 세습만 있다면 우리 사회나 교회가 훨씬 더 아름다워질 것이다.

혼자서 다 하려 하지 말고
자식들에게 계속하게 하라

청년실업이 여전히 심각하다. 전에 한 기업의 건설 부문에서 일하는 사람의 이야기를 전해 들었다. 열 명의 신입사원을 모집했는데 엄청난 지원자가 몰렸다는 것이다. 그 바람에 입사 전형 담당자들이 고생했다고 하는데 그 일에 참여한 직원들이 이렇게 말했다고 한다. 자신의 아들딸도 자신이 다니는 회사에 입사하면 좋겠다고 이야기하곤 했는데 쉽지 않겠다는 것이다. 신입사원 전형을 해보니 대학교 학업성적이 높은 지원자들이 너무나 많다는 이야기였다. 그렇다고 성적이 높기만 하면 다 입사할 수 있는 것도 아니니 신입사원 전형을 하면서 자기의 자녀들에 대한 걱정을 미리 하게 되었다는 것이다.

오늘날 청년 실업의 딱한 현실에 관한 그 이야기에 공감하면서 나는 엉뚱하게도 "자신의 자녀도 자기가 다니는 회사에서 일하면 좋겠다"는 그 사람의 말에 주목했다. 물론 그저 부모의 생각이지 자녀들은 아버지가 다니던 회사에 대해 전혀 관심이 없을 수도 있다. 그러나 그런 생각을 가지고 있다는 사실이 멋있어 보였다.

한 크리스천이 한평생을 살면서 자기가 하던 일을 후손들에게 물려준다는 것은 아름다운 일이다. 대를 이어 꿈을 공유하는 것이고, 대를 이어 하나님의 나라를 건설하는 일을 하는 것이다. 기업이나 교회의 추한 '직장 세습'과는 차원이 다른 '회사의 세습'을 꿈꾸는 사람이라면 정말 멋진 직업인의 삶을 살지 않겠는가? 그런 사람은 아마도 당연하게 사람에게 하듯 하는 것이 아니라 주께 하듯 하는(골 3:23) 성경적 직업관으로 무장되어 있을 것이다.

자녀들에게 하게 하자. 우리의 다음 세대에게 우리의 꿈을 전할 수 있어야 한다. 자녀들을 믿어주고 그들을 세워주어야 한다. 하나님 나라의 원대한 비전은 하루아침에 이룰 수 있는 것도 아니고, 나 혼자 고군분투한다고 이룰 수 있는 것도 아니다. 나의 한평생과 다음 세대의 한평생을 보태어 노력해도 많은 부분이 남아 있을 것이다. 그것은 또 손자와 증손자가 계속 해나가는 것이다.

아브라함과 이삭과 야곱과 요셉은 대를 이어 자식들에게 하나님이 주신 비전을 전했다. 그들은 하나님이 약속하신 '땅', 번성하는 '민족', '복'이 되는 일(창 12:1-3), 즉 이스라엘의 족장들은 하나님의 나라를 구성하는 세 가지 요소(영토, 국민, 주권)를 늘 공유하고 거듭 강조하다가 세상을 떠났다. 하나님의 비전은 아브라함의 아들 이삭에게 전해졌고(창 26:2-4), 또한 그의 아들 야곱에게 계속해서 전해졌다(창 28:13-15).

특히 야곱이 요셉에게 전해준 하나님의 비전은 애굽 땅에서도 변함없이 전해졌다. 요셉은 애굽에서 숨을 거둘 때 자신이 애굽에서 총리로 오래 지냈기 때문에 선조들처럼 고향 땅에 묻히지 못할 것을 염려했을 것이다. 이스라엘 백성들은 애굽에 영구적으로 머무르는 것이 아님을 강조하면서 요셉은 자신의 유골을 매장하지 않은 채 백성들이 볼 수 있도록 전시하게 했던 것으로 보인다(창 50:24-26). 백성들은 요셉의 유골을 보면서 영원히 애굽에 머무르는 것이 아니라 약속의 땅 가나안으로 돌아가야 할 그들의 비전을 상기했을 것이다. 그래서 출애굽을 할 때에는 모세가 요셉의 유골을 가지고 나갔다(출 13:18-19).

이 말은 하나님이 아브라함에게 주셨던 언약을 애굽 땅에서 살던 후손들이 오랫동안 잊지 않고 전달받았음을 말해준다. 이스라엘 백성들은 대를 이어 하나님의 나라를 이룰 꿈을 꾸었고,

결국 애굽에 들어온 지 430년이라는 오랜 세월이 지난 후에 그들의 꿈을 이루어냈다. 혹시 동의하지 않는 사람도 있겠지만 한 사람이 평생을 살면서 혼자 해낼 수 있는 일은 그리 많지 않다. 내가 모든 것을 다 하겠다는 생각은 만용이다. 대를 이어서 해야 뭔가 좀 표가 나게 할 수 있을 것이다.

에녹은 동시대를 살던 사람들에 비해 상당히 젊은 나이인 65세에 아들 므두셀라를 낳았다. 65세와 70세에 아들을 낳은 에녹의 할아버지와 증조할아버지가 있었지만 인류 초기 역사에는 100세를 넘겨 아들을 낳는 사람들이 많았다. 에녹의 아버지 야렛도 162세에 에녹을 낳았다(창 5:3-20). 에녹이 365세에 승천했으니 남은 생애가 짧았기 때문이었을까? 에녹은 다른 사람들에 비해 아들을 일찍 보았다. 그런데 에녹의 아들 므두셀라는 969세를 살아 인류 중 가장 오래 산 사람이 되었다. 900세 이상을 살던 당시에 365세밖에 못 살고 지상의 삶을 마감했던 에녹의 아들이 인류 중 가장 장수했다는 역사 기록에는 꽤 의미 있는 상징성이 담겨 있지 않은가? 결국 내가 다 못해도 아들이 한다는 메시지로 읽고 싶다. 내가 모든 것을 다 하려고 욕심 부리지 말아야 한다는 교훈도 준다.

자녀들에게 하나님의 나라를 건설하는 당신의 비전을 물려주라. 유산을 물려주는 것보다 꿈을 물려주는 것이 가장 값진 유산이다. 문제는 자녀들과 하나님의 나라를 세우는 꿈을 공유하고 있느냐, 하나님의 나라를 세우는 일에 적극적으로 헌신하도록 양육하느냐에 달려 있다. 세상의 가치관을 좇아 사교육에나 열을 올리고 아파트 평수 늘려가는 것에만 인생 목표를 두면서 살아가는 사람들은 이해하지 못할 별세계임이 틀림없다.

야곱은 죽기 전에 요셉과 손자들을 위해 축복하면서 특별한 내용을 여호와 하나님께 기도했다. "모든 어려움에서 나를 구해 주신 하나님 이제 기도드리오니 이 아이들에게 복을 주십시오. 제 이름이 이 아이들을 통해 알려지게 해주십시오. 제 조상 아브라함과 이삭의 이름이 이 아이들을 통해 알려지게 해주십시오. 이 아이들이 이 땅 위에서 많은 자손을 가지게 해주십시오"(창 48:16, 쉬운 성경).

야곱은 자신을 포함한 족장들의 이름이 요셉과 그의 아들들인 에브라임과 므낫세를 통해 세상에 알려지기를 원하면서 축복했다. 다시 말하면 똑똑한 자식 때문에 부모나 조상들이 덕 좀 보자는 이야기이다. 이런 가정이야말로 복된 가정의 참모습이 아닐 수 없다. 이렇게 대를 이어 하나님의 나라를 꿈꾸며 하나님과 동행하는 사람들의 삶은 가정의 울타리를 넘어간다.

후계자가 있으면 죽어도 된다.
후계자 훈련에 집중하라

창세기 5장에 나오는 아담의 족보를 보면 태어나서 아이를 낳고 죽는 패턴이 반복되고 있다. 그것은 너무도 당연한 삶의 과정으로 보인다. 그런데 아담의 후손들은 예외 없이 그냥 죽지 않는다. 자녀를 낳은 후 죽는다. 첫 자녀를 낳은 후에도 여러 자녀들을 낳고 죽었다고 기록한다. 대를 잇는 일의 중요함을 단순해 보이는 아담의 족보가 보여주고 있다.

모세와 아론의 죽음에 대해서 민수기와 신명기에 각각 기록된 말씀을 봐도 동일한 패턴이 나타난다. 아담의 족보는 가정의 대를 잇는 것이라면 모세와 아론은 자신의 사역, 즉 직업의 후계를 잇고 죽는 것을 볼 수 있다. 아론은 123세에 죽었으니 평균 수명이 7~80세였던 당대 사람들과 비교하면 장수한 것이고, 자연사였다고 생각할 수 있다. 그러나 하나님의 평가는 달랐다.

"아론은 그 조상들에게로 돌아가고 내가 이스라엘 자손에게 준 땅에는 들어가지 못하리니 이는 너희가 므리바 물에서 내 말을 거역한 까닭이니라"(민 20:24). 아론을 가나안에 들어가지 못하게 한 므리바 물사건이란 무엇인가? 물이 없다고 원망하는 백성들을 향해 아론이 모세와 함께 화를 내면서 하나님의 거룩하심을 드러내지 못했던 일이다. 그 일에 대한 벌로 아론은 가나안에 들어가지 못하고 죽었다.

그러면 아론은 그저 죽기만 하면 되었는가? 그러지 못했다. 아론은 죽기 전에 반드시 해야 할 일이 있었다. 하나님은 모세에게 명하여 아론과 그 아들 엘르아살을 데리고 호르 산에 오르게 하셨다. 그리고 하나님은 거기서 모세에게 아론의 옷을 벗겨 그 아들에게 입히라고 명령하셨다(민 20:25-26). 결국 아론은 자신의 직분을 맡을 사람에게 직분을 넘겨주고 나서 죽을 수 있었던 것이다. 이것은 아론이 가지고 있는 직분을 다른 사람에게 이양하지 못하면 죽을 수조차 없었다는 뜻이기도 하고, 이제 후계자가 있으니 마음 놓고 죽어도 된다는 뜻이기도 하다.

모세에게도 이 패턴이 동일하게 반복되고 있다. 하나님은 아론에게 하신 것처럼 모세에게도 모압 땅의 느보 산에 올라 가나안 땅을 바라보고 난 후 죽게 하셨다. 모세가 가나안 땅에 들어가지 못하고 죽은 이유는 아론과 마찬가지로 므리바 물가에서 하나님의 거룩함을 이스라엘 앞에 나타내지 않았기 때문이다(신 32:48-52). 그리고 모세도 아론이 그랬던 것처럼 죽기 전에 여호수아에게 안수하여 그를 이스라엘의 지도자로 삼았다(신 34:9).

혹시 모세와 아론은 아직 자신들이 죽을 때가 아니라고 강변했을지도 모른다. 모세의 경우를 봐도 죽을 때 눈이 흐리지 않았고 기력이 쇠하지도 않았다(신 34:7). 모세는 나이가 들었어도 젊은 사람만한 힘도 있고 가나안에 들어가고 싶기도 했으니(신 3:23-28) 자기만이 그 직분의 적임자라고 생각했을지도 모른다. 그러나 그것은 착각이고 오해였다. 아론의 직분은 엘르아살이 이어서 잘 감당했듯이 모세의 직분도 여호수아가 이어서 잘 감당했다. 이것을 좀 심하게 표현하면 후계자만 제대로 세워 놓으면 지금 죽어도 된다는 이야기이다. 자신이 다 할 수 있을 것이라고 착각하는 사람들은 조심해야 한다. 후계자에게 물려주는 것을 아까워하지 말자!

엘리야의 경우도 마찬가지였다. 아합의 선지자들과 갈멜산에서 대결을 벌인 후 탈진 상태에 빠진 엘리야는 이세벨 왕비를 피해 광야로 도망갔다. 거기서 엘리야는 하나님의 특별교육 대상에 올라 톡톡히 재교육을 받아야 했다. 그는 바알에게 무릎을 꿇지 않은 사람은 자기밖에 없다고 하소연했지만 하나님은 7천 명의 순결한 신앙을 가진 사람들을 숨겨두셨다고 하면서 엘리야가 해야 할 일을 일러주셨다. 그런데 엘리야가 할 일의 목록 중에는 엘리야의 눈에서 피눈물이 흐르게 하는 일이 있었다. 엘리사에게 기름을 부어 자신의 후계자로 임명하라는 것이 아닌가(왕상 19:16).

엘리야가 과연 이런 갑작스러운 세대 교체와 리더십 이양을 염두에 두고 있었을지 의문이 생긴다. 격무에 시달리고 심신이 너무나 지쳐서 휴가를 갔다 왔더니 자기의 책상이 빠져 있는 셈이다! 엘리야가 눈을 제대로 감을 수 있었을까? 어쨌든 엘리야가 그렇게 하나님의 명령으로 후계자를 세우고 나니 빨리 하나님 곁으로 가야 했는가보다! 엘리야도 에녹처럼 죽음보다 빨리 하나님 곁으로 가는 방법인 승천을 통해 이 세상의 삶을 마감했다(왕하 2:11).

제대로 된 계승을 하기 위해서는 치밀하게 준비하는 노력이 필요하다. 이런 노력을 했던 사람이 모세이다. 모세는 느보 산에서 죽기 전에 여호수아에게 기름을 부어 후계를 확정했다. 그런데 이런 계승을 위한 노력은 광야생활을 시작하던 시기인 40년 전부터 일찌감치 시작되었다. 출애굽기 17장에는 이스라엘 백성들이 애굽을 탈출한 후에 광야생활을 시작하며 치렀던 한 전쟁에 대한 기록이 나온다. 아말렉 종족과 이스라엘 백성들이 전쟁하는 장면이다.

이때 지도자 모세가 여호수아에게 군대를 모아나가서 아말렉 종족과 싸우라고 명령했다. 그리고 모세는 아론과 훌이라는 측근 인사들과 함께 산꼭대기로 올라갔다. 여호수아는 야전 지휘관으로 백성들을 이끌고 나가서 전쟁을 하고, 모세는 하나님의 지팡이를 잡고 하나님에게 기도했다. 모세의 손이 올라가 있으면 이스라엘 군대가 이겼다. 그러나 힘들어서 손을 내리면 졌다. 사람이 팔을 오래 올리고 있는 것이 쉬운 일이 아닌데 어쩌면 좋은가? 방법을 고민하다가 아론과 훌이 모세를 돌 위에 앉히고 각각 한 쪽 팔을 붙들어서 팔이 내려오지 않게 했다. 그러자 모세의 팔이 해가 지도록 내려오지 않았다고 한다. 여호수아는 백성들과 함께 아말렉 족속을 크게 무찔러 이겼다.

이스라엘 백성들이 아말렉 전쟁에서 승리한 일은 어떤 교훈을 주는 것인가? 전쟁에서 승리하는 원동력은 언제나 하나님에게 있음을 가르쳐준다. "싸울 날을 위하여 마병을 예비하거니와 이김은 여호와께 있느니라"(잠 21:31). 그런데 이 사건은 중요한 교훈 하나를 더 준다. 성공은 계승과 연관되어 있다는 것이다. 진정한 성공은 계승되어야 한다. 모세는 광야생활이 40년이나 남아 있었지만 일찌감치, 광야생활에 첫 발을 내디딘 때부터 여호수아를 지휘관으로 세워서 전쟁을 지휘하게 했다. 모세 자신은 손을 들고 온종일 그 산 위에서 얼굴을 그을리고 땀 흘리면서 기도하는 수고를 감당했다. 이렇게 계승을 위해 노력할 때 진정한 승리와 성공을 거둘 수 있었다.

이것이 계승이다. 그리고 이것이 바로 진정한 성공이다. 우리는 우리의 자녀들에게, 우리의 후배들에게, 우리의 후손들에게 이런 진정한 책임과 계승까지 추구하는 성공의 의미를 분명하게 가르쳐주어야 한다. 전쟁을 마친 후 하나님은 모세에게 특별한 지시를 하셨다. 아말렉과 싸웠던 전쟁 이야기를 기록해서 기념하게 하셨다. 그리고 여호수아가 반복해서 듣게 해 아예 외우게 하라는 것이었다. 하나님은 이야기(Story)를 강조하신다. 그래서 모세가 제단을 쌓고 "그 이름을 여호와 닛시"라고 이름붙였다. "여호와 하나님이 나의 깃발"이라는 뜻으로 승리와 성공을 기념했다(출 17:14-16). 이것이 바로 아말렉과 전쟁한 일의 결론이었다. 진정한 성공은 이야기를 통해 계승되어야 한다.

잠언 22장 6절이 말한다. "마땅히 행할 길을 아이에게 가르치라. 그리하면 늙어도 그것을 떠나지 아니하리라." 우리 아이들에게, 후배들에게, 다음세대에 무엇을 가르칠 것인가? 늙어도 그것을 떠나지 않을 것을 가르쳐야 하는데, 이것은 반복된 배움이 삶의 습관이 되는 훈련을 말하는 것이다. 이스라엘의 부모들은 이스라엘이 애굽에서 탈출하여 구원받은 것을 기념하는 유월절에 대해서도 자녀들에게 질문과 대답 형식의 이야기로 가르쳐주어야 했다(출 13:14-16).

그러면 무엇을 가르칠 것인가? 돈보다 가치, 지위보다 진정한 명예, 사람답게 사는 의미와 중요성, 그 가치를 가르치는 것이 계승의 핵심이다. 잠언 22장 1절이 말한다. "많은 재물보다 명예를 택할 것이요 은이나 금보다 은총을 더욱 택할 것이니라."

돈과 물질이 조성하는 타락한 문화로부터 자녀를 양육하고 보호하는 것이 부모의 책임이다. 우리 일터에서도 사람들이 진정한 가치를 잊고 헛된 성공을 추구하는 문화로부터 바른 길을 가게 하는 것이 윗사람의 책임이다.

우리의 후배들과 자녀들, 다음세대가 이렇게 참다운 가치로 훈련을 받게 하는 책임이 중요하다. 이런 훈련을 통한 참다운 계승의 의미를 가르쳐준 한 사건이 있었다. 2009년 1월 15일, 미국 US Airways 소속 1549편 여객기가 뉴욕 허드슨 강 위에 착륙하는 아찔한 사고가 있었다. 철새와 충돌하여 난 화재로 양쪽 엔진이 다 멈췄고, 당시 비행기는 뉴욕 상공 300미터 위를 날고 있었다. 그 순간 기장 설렌버거는 공항으로 돌아가는 것을 포기하고 허드슨 강으로 방향을 틀었다. 비행기 승객 외에도 뉴욕 시민들의 안전을 지키기 위한 순간적인 판단이었다.

허드슨 강 수면 위로 안전하게 불시착한 후 승객들은 기장과 승무원의 지시 아래 비행기 양쪽 날개 위로 탈출했다. 기장은 마지막까지 기내를 돌며 혹시라도 남은 승객이 있는지 확인하고 또 확인했다. 곧 도착한 구조선들이 구조작업을 시작했고, 불과 불시착 후 23분 만에 155명의 승객과 승무원들이 모두 구조되었다. 당시 뉴욕 시장이었던 마이클 블룸버그는 이 사건을 '허드슨의 기적'이라고 표현했다.

그런데 사고기의 기장으로 국민적 영웅이 된 체슬리 설렌버거는 이렇게 말했다. "탑승객들과 지상에 있는 사람들에게 피해를 주기 싫었습니다. 지금까지 내 인생은 바로 그 순간을 위한 준비 과정이었다고 생각합니다." 설렌버거 기장은 사고가 난 그 날에 자신이 했던 대응이 기적이 아닌 훈련의 결과라고 말한 것이다. 매뉴얼대로 수시로 비상탈출 훈련을 해왔고, 수십 년간 비행기의 기장으로 비행기를 조종해왔던 그 반복된 훈련이 사고의 피해를 최소화할 수 있었다고 본 것이다. 그리고 만약 기적이라면 계속해온 그 훈련이 기적이라는 말이었다.

우리도 이런 훈련을 오늘도 잘 감당해야 한다. 잠언 22장의 마지막 구절인 29절은 이렇게 명예와 은총에 대한 결론을 내리고 있다. "네가 자기의 일에 능숙한 사람을 보았느냐. 이러한 사람은 왕 앞에 설 것이요 천한 자 앞에 서지 아니하리라." 여기서 '능숙하다'는 표현은 성실하고 근면하게 노력하는 자세를 말한다. 부단히 훈련해서 숙달되어 있고 노련한 상태를 말한다. 이렇게 되기 위해 부단히 노력하는 책임 있는 자세가 우리에게도 필요하다.

장차 임할 하나님의 나라를
준비하는 동행

이렇게 대를 이어 하나님의 나라를 세우는 꿈을 공유하면서 동행할 때 우리 앞에 어느 날 홀연히 다가올 새 하늘과 새 땅에서도 할 일을 제대로 할 수 있다. 천국이 임하면 우리 성도들이 하는 일을 묘사해주는 부분이 누가복음에 있다. 베드로가 자신을 부인할 것을 말씀하시기에 앞서 예수님이 이렇게 말씀하셨다. "내 아버지께서 나라를 내게 맡기신 것같이 나도 너희에게 맡겨 너희로 내 나라에 있어 내 상에서 먹고 마시며 또는 보좌에 앉아 이스라엘 열두 지파를 다스리게 하려 하노라"(눅 22:29-30). 여기서 예수님이 말씀하신 대로 천국에서 할 일은 함께 식사하는 것이고 다스리는 것이다. 하나님이 허락하신 나라를 예수님이 맡으신 것처럼 우리도 예수님이 맡기신 나라를 다스려야 할 것이다.

우리가 이 땅에서 대를 이어 동행하며 하나님의 나라 세우기를 잘 연습할 때 장차 우리가 다스리게 될 천국의 한 부분에 대해 리더십을 발휘할 수 있을 것이다. 아마도 에녹은 이 땅에서 하나님과 동행하면서 하던 일들을 하늘에서도 그대로 하고 있을 것이다. 우리 역시 그래야 한다. 그러니 하늘나라에서 할 일을 이 땅에서 연습하면서 우리는 하나님과 동행해야 한다.

동행의 약속은 예수님의 지상 생애의 시작과 끝을 장식한다는 의미에서도 더욱 인상 깊다. "하나님이 우리와 함께 계시다"라는 뜻의 '임마누엘'이라는 이름으로 이 땅에 오신 예수님(마 1:23)은 부활 후 승천하시면서 제자들에게 약속하셨다. "내가 세상 끝날까지 너희와 항상 함께 있으리라"(마 28:20). 이 약속은 오늘 우리에게도 유효하다. 지금도 우리 가까이 계시면서 역사하시는 예수 그리스도를 통해 이 약속을 확인할 수 있다. 아울러 세상 끝날까지 항상 함께하시겠다는 이 약속은 성령의 임재로 제자들 가운데 현실화되었다(행 2장). 성령이 임재하신 오순절사건은 바로 예수 그리스도께서 세상 끝날까지 함께하심을 가시적으로 보여준 사건이었다.

이 사건을 통해 제자들은 담대해졌다. 예수님의 죽음으로 의기소침하고 숨어 다니던 그들이 세상으로 나가 많은 적대자들 앞에서도 복음을 전했다. 살아 역사하시는 하나님의 말씀이 사람들의 심장과 영혼을 찔렀고, 놀라운 회개와 부흥의 역사가 일어났다.

오늘날도 하나님이 우리와 함께하신다는 임마누엘의 약속은 크리스천들이 바로 이렇게 예수 그리스도의 복음을 전파하며 하나님의 나라를 확장하는 모습을 통해서 분명하게 드러난다. 오늘도 당신은 임마누엘이신 예수 그리스도와 함께하는가?

| **에필로그** | 에녹처럼, 오늘 하나님과 동행한다!

클래식 영화라고 할 수 있는 〈지붕 위의 바이올린〉(Fiddler on the Roof, 1971, 노만 주이슨 감독)을 여러 차례 보았다. 제정 러시아 시대에 우크라이나 지방 아나테프카라는 마을에 정착해 살던 유대인들의 삶을 그린 이 영화는 쉘렘 스타인의 소설에 근거해서 만든 브로드웨이 뮤지컬을 영화로 만든 것이다.

한 유대인 가정의 아버지이자 남편인 테비에는 가난하지만 아내 골데와 다섯 명의 딸들과 더불어 행복하게 살고 있다. 그러던 중 큰딸 싸이텔이 가난한 재단사와 결혼을 하겠다고 한다. 사실 아내 골데는 딸을 상처한 남편의 친구 푸주한 라자 울프와 결혼시키려고 했다. 마음에는 들지 않지만 돈을 잘 버니 딸도 호강하고 자기도 덕을 좀 보려고 했나보다. 테비에도 푸주한을 만나 딸을 주겠다고 승낙하지만 끝내 고민을 하던 그는 우여곡절 끝에 큰딸이 재단사와 결혼하도록 승낙한다.

이 영화 속에서 우리는 전 세계를 떠돌다시피 유랑하면서 디아스포라로 살아가던 유대인들의 일상생활을 살펴볼 수 있다. 시대적 현실과 부딪히면서 자식들과 갈등을 겪는 어려움이 있지만 테비에는 가장으로서 가정을 하나님의 뜻에 따라 이끌어 가려는 의지를 가지고 있다. 고달픈 현실 사회 속에서 전통을 통해 하나님과 동행하려는 노력이다. 테비에는 전통을 바이올린 연주자가 지붕 위에 서서도 연주를 할 수 있게 두 발을 조화롭게 버티고 서는 '균형'이라고 생각하고 있다. 과연 어떤 균형인가? 어떤 모습으로 테비에가 하나님과 동행하는지 살펴보자.

기도로 하나님과 동행한다

테비에는 삶 속에서 언제나 기도하며 하나님과 동행했다. 그런데 경건한 자세로 무릎을 꿇고 기도하는 것이 아니었다. 삶 속에서 문제가 있을 때마다 언제 어디서나 기도했다. 마치 옆에 있는 사람과 대화하듯 하나님과 기도로 소통했다. 안식일 전날 바삐 우유를 배달하고 돌아와야 하는데, 그날따라 말이 다리를 다쳤다. 하늘을 쳐다보면서 테비에는 가난을 한탄하고 안식일 전날에 말의 다리를 다치게 한 것은 너무 하신 것 아니냐고 푸념하듯 기도했다.

기도의 내용도 다양했다. "하나님, 차라리 우리 유대민족이 선택받은 백성이 아니라도 좋으니 이런 어려움은 좀 지나가게 해주십시오." "하나님, 전 세계의 전쟁과 홍수와 기근 때문에 시간이 없으시겠지만 몇 초만 시간 내서서 가난한 재단사인 우리 사위 녀석에게 재봉틀 하나만 마련해주십시오. 근처를 지나실 때 들러서 우리 말 다친 다리도 좀 고쳐주시고요." 이런 재미있는 기도도 드린다.

또 셋째 딸이 그리스정교를 믿는 청년과 결혼을 허락해달라고 당돌하게 말할 때도 테비에는 기도했다. 물론 기도를 시작하자마자 곧바로 하나님에게 응답받았다. 절대 안 된다고. 사회주의 운동을 하는 청년을 좋아하는 둘째 딸 호델이 시베리아로 유배 간 남자를 따라 떠날 때 기차를 태워 보내며 아쉬운 작별을 하고 나서도 애처롭게 딸을 쳐다보며 기도했다. "저 애를 돌봐주세요. 따뜻하게 입혀주시고요."

이처럼 테비에는 늘 어떤 문제든지 하나님에게 내어놓고 기도하는 자세를 보여준다. 우리는 기도로 하나님과 동행할 수 있다. 항상 성령 안에서 기도하며(엡 6:18) 하나님이 들려주시는 음성을 들을 수 있는 것이다.

말씀으로 하나님과 동행한다

또한 테비에는 삶 속에서 하나님의 말씀을 수긍하면서 하나님과 동행했다. 평소에 가까이 지내던 경찰관이 당국의 명령서를 전달하면서 사흘 안에 아나테프카를 떠나라고 통보했을 때 테비에와 동네 사람들은 몽둥이를 들고서라도 맞서 싸우겠다며 분개했다.

그때 사람들이 한 사람의 말을 경청했다. 나이 많은 랍비가 말했다. "우리가 다른 곳에 가서 기다리더라도 메시아는 오십니다. 떠납시다!" 그러자 분노하던 사람들이 갑자기 태도를 바꿔 흩어져서 떠날 준비를 했다. 살던 집과 가축들, 가재도구들도 버린 채 눈이 오는 날 수레를 끌고 밀면서 가난했지만 정들었던 마을을 떠나갔다.

마을을 떠나면서 랍비는 회당을 둘러보고는 보관해 두던 두루마리 율법과 성경 몇 권만을 챙겨갔다. 이는 말씀으로 그들과 함께하시는 하나님만을 바라보겠다는 믿음이었다. 물론 유대인들은 예수님이 오셨는데도 메시아가 아직 오지 않았다고 믿는다. 그런 오해는 하고 있지만 영화 속 유대인들이 삶 속에서 하나님의 말씀에 순종하는 자세는 우리가 꼭 배워야 한다. 기도와 말씀을 통해 늘 하나님과 동행하는 기본적인 영성이 오늘 우리에게도 필요하다.

예배를 통해 나그네의 정체성을
유지하고 힘을 얻는다!

　　　　　이 영화에는 몇몇 인상적인 장면들이 있지만 특히 안식일을 시작하는 금요일 저녁에 드리는 가정 예배의 장면이 기억에 오래 남는다. 분주한 하루 일을 마치고 서둘러 겨우 시간을 맞추어 안식일을 시작하는 저녁 식탁에 가족들이 모여 앉았다. 딸만 다섯인 집에 외간 남자들인 두 사람의 손님들도 있었고, 그들과 함께 안식일 가정 예배를 시작했다. 예복을 입고 자세를 가다듬은 테비에는 아내 골데와 찬송을 부르면서 기도를 했다.

> 하나님의 보살피심과 보호를 기원합니다.
> 불명예스럽지 않게 보호해주소서.
> 우리 모두가 이스라엘의 빛나는 이름
> 룻과 에스더처럼 행하게 해주옵소서.
> 칭송을 받게 해주옵소서.
> 하나님, 우리를 악에서 구하옵소서.
> 축복하여주시고 장수하게 도와주옵소서.
> 안식일에 드리는 우리의 기도를 들어주옵소서.
> 우리의 딸들이 좋은 어머니가 되고
> 훌륭한 부인이 되도록 도와주시고

돌볼 남편들을 보내주옵소서.

고통이 없게 보호해주시고 은혜를 내려주옵소서.

흩어져 살던 유대인들은 어떤 상황에서라도 안식일마다 가정이나 회당에 모여 드리는 이런 예배를 통해서 하나님과 동행함을 확인했다. 이것이 바로 전통의 힘이다. 하나님을 섬기는 유대인으로서 어디를 가나 언약 백성이라는 그들의 정체성을 잃지 않도록 확인시켜주는 원동력이기도 했다.

떠나는 길에서도 동행하시는 하나님

그래서 테비에와 그 가족들은 정든 마을을 떠나야 했을 때도 깨끗하게 포기하고 새로 시작할 수 있었다. 물론 떠날 때는 화해하고 축복했다. 테비에는 큰딸의 결혼과 관련해 응어리가 있던 푸주한 라자 울프와도 화해했다. 거듭 포옹하면서 응어리를 풀었다. 테비에는 반대를 무릅쓰고 그리스정교를 믿는 청년과 결혼하는 바람에 내쳤던 셋째 딸 하바가 찾아왔을 때도 마음에 내키지는 않았지만 결국에는 진정으로 축복했다. "하나님이 너와 함께하시길." 새로운 희망이 그들과 함께하는 것이다. 큰딸과 사위, 그리고 어린 손자와 헤어져야 하지만 일을 열심히

해서 곧 미국 뉴욕으로 가는 그들을 따라오라고 격려했다.

그렇게 떠난 사람들은 강을 건너는 사람들을 떠나보내고, 길을 갈라서야 하는 사람들은 모여서 하나님에게 기도하며 헤어졌다. 이제 홀로 테비에의 가족만 남았다. 어깨 끈을 매고 힘겹게 수레를 끄는 테비에가 문득 뒤를 돌아보았다. 그러자 거기에는 칙칙한 색깔의 길바닥에서 다리를 흔들면서 깽깽이 연주를 하는 남자가 따라오고 있었다. 영화 중간중간에 나왔던 사람, 지붕 위에서 바이올린을 연주하기 위해서는 두 다리로 균형을 잘 잡아야 하듯이 전통을 유지해야 한다던 바로 그 깽깽이 연주자였다. 그러나 그가 연주하는 음악은 결코 슬프지 않았다. 소망과 믿음을 담았기에 가볍지도 우울하지도 않은 그의 연주는 정든 땅을 버리고 떠나는 길이지만 그곳에서도 동행하시는 하나님을 들려주고 있었다.

어차피 우리의 인생은 나그네 길이다. 우리가 떠나는 길 위에서도 하나님이 동행하심을 기억해야 한다. 떠나기를 겁낼 필요도 없다. 우리는 21세기의 에녹이자 테비에이기 때문이다. 우리는 오늘, 그리고 내일 하나님과 동행하며 험한 세상을 살아가야 한다. 저 하늘, 우리의 고향에 이르기까지 우리가 날마다 걷는 길에서도 하나님은 우리와 동행하신다.